荣观超然

杨明生 ◎ 著

中国金融出版社

责任编辑：张智慧　　王雪珂
责任校对：刘　明
责任印制：张也男

图书在版编目(CIP)数据

荣观超然 / 杨明生著. —北京：中国金融出版社，2021.9
ISBN 978-7-5220-1334-3

Ⅰ.①荣… Ⅱ.①杨… Ⅲ.①社会科学—文集 Ⅳ.①C53

中国版本图书馆CIP数据核字 (2021) 第193256号

荣观超然
RONGGUAN CHAORAN

出版
发行　中国金融出版社

社址　北京市丰台区益泽路2号
市场开发部　(010) 66024766，63805472，63439533 (传真)
网 上 书 店　www.cfph.cn
　　　　　　(010) 66024766，63372837 (传真)
读者服务部　(010) 66070833，62568380
邮编　100071
经销　新华书店
印刷　北京侨友印刷有限公司
尺寸　169毫米×239毫米
印张　24.25
字数　345千
版次　2022年1月第1版
印次　2022年1月第1次印刷
定价　98.00元
ISBN 978-7-5220-1334-3
如出现印装错误本社负责调换　联系电话 (010) 63263947

自 序

本书是我的第二本公开出版的拙作。原想请一位名人为其作序，经再三斟酌，最后还是放弃了这个念头。原因很简单，就是书中某些文章的观点，以及对古诗词格律的运用是否准确等，难免会有争议。若请人作序，恐会有溢美之词或不便之评，实为人所难，还是文责自负好。

本书共分三个部分，各自独立，互不关联。读者可凭各自偏好，各取所需。本书所形成的观点和看法，也是本人几十年工作实践和读书学习的体会总结。

感悟经典篇，重在明理。十篇经典感悟，有较强的代表性。其中，有哲学的，有经济学的，也有文学的；有中国的，也有外国的；有古代的，也有近现代的。对经典的感悟是自己站在客观公正的立场上做出的独立思考。"一千个人眼中就有一千个哈姆雷特。"我的一孔之见，若能给人以启迪，或有抛砖引玉之用，足矣。

开言实录篇，重在回顾借鉴。选取的都是在过去工作中有不同代表性的言论，均无他人代笔，都是自己的独立思考，讲后根据录音整理成文。其中，有在农行工作时讲的，有在原保监会工作时讲的，有在中国人寿工作时讲的，见证了那个历史时期的发展侧面。今天回头看，温故知新，尚有一定的借鉴意义。

诗画情怀篇，重在审美怡情。我的诗词、摄影（书中配图大多为本人习作）、书法，尚处在初学阶段，意在与有兴趣者分享交流。诗词用的是中华新韵，其多数诗词是通过摄影时的情境或以题照的形式完成的。

本书在成书的过程中，得到了我曾工作过的单位有关同志的协助，他们提供了有关资料。感悟经典篇中的多数文章得到了中国社科院经济研究所原副所长王振中教授的指点；诗画情怀篇得到了金融系统宋国栋、范振斌两位古诗词格律专家的指点。在此一并深表谢意！

以上是为自序。

杨明生
2021年岁末

目 录

感悟经典篇

学不可以已 003

《易经》的智慧 009

略谈经济学理论经典的贡献与局限 021

人性的善恶之辩 033

老子的"天真"与"无奈" 043

墨家为什么被排斥在传统主流文化之外? 052

读《红楼梦》第十八回札记 061

从《债务危机》反思债务危机 072

风险共担是勇气更是美德 078

在林间诗意栖居 085

开言实录篇

加快金融产品创新 不断完善客户服务体系 093

当前农村金融发展中的几个问题 098

贯彻落实案件问责制度 努力实现有效风险控制 103

金融如何助力第一生产力? 109

承前启后,再创辉煌 115

迎接股改新体制的挑战 118

在保监会举办的《海峡两岸共同防范保险欺诈犯罪合作谅解备忘录》
签署仪式上的致辞 127

履职尽责　继往开来 131

让保险真正成为有效的保障机制 137

选好投向　服务主业　保值增值 147

保持战略定力，坚持战术灵活 156

在2014年郑州个险高峰会上的致辞 163

创新信贷管理制度　培育新型信贷文化 167

在2017年"牵手国寿·智慧生活"国寿客户节主题活动上的致辞 178

拓宽融资渠道　防范债务风险　构建现代化基础设施体系 181

诗画情怀篇

一、格律与古风诗

长城春游 187

立春读《易》感悟 188

贺元夕 190

京城春雪 191

读荀子《性恶》偶得 192

感受二胡独奏《奔驰在千里草原》 194

庭院信步 196

为飞飞上哈佛寄语 197

获金紫荆奖感怀 198

端午咏竹 200

贺国寿上海金融中心大楼落成 201

楼前望月遐思 202

飞天探秘 203

为十三届政协经济35组题照 204

题照银杏叶归 206

白鹭踏枝	207
比尔·盖茨赞	208
观《长恨歌》实景演出偶得	209
东方明珠塔赞	210
贺天津人寿金融中心大厦落成乔迁	211
贺国寿嘉园（乐境）奠基	212
贺阳澄湖国寿嘉园（雅境）奠基	213
逍闲清水湾	214
题照红莲碧波	215
京城春雨	216
静观清水湾随感	217
南海观涛	218
丽日游湖	219
清水湾观日落	220
趣廊听戏	221
题赫图阿拉城	222
鸟瞰津门	223
题老友欢聚饮茶合照	224
题青海春光画	225
题韶山	226
题照碧树云花	227
题照"歌唱黄河"雕像	228
春日观海	230
题照春色关不住	231
题照荔树下的新疆舞	232
题照外卖小哥晨会	233
小平像下的青春舞步	234

题照月圆花好	235
选举抒怀	236
仰观上海中心大厦	238
与特首谈大湾区	239
早春荔园观《道德经》偶得	240
题照智慧猴雕像	241
贺广发行成立三十周年	242
慕千竹	244
观壶口瀑布	245
上海国际金融中心赞	246
题照浦江夜色	248
雾色山城	249
胡杨赞（二首）	250
题照潮平海阔	251
望月	252
天津五大道掠影	253
夜步大明湖偶得	254
咏雪松	255
珠江新城剪影	256
鸟瞰南粤	257
题照"童心"雕像	258
网师园观景凝思	260

二、词

卜算子·冬至观复卦偶得	262
浣溪沙·国庆60周年联欢晚会观感	263
卜算子·观棋	264
清平乐·欢宴布莱尔	265

忆秦娥·为营销高峰会精英颁奖 266

浪淘沙·观冲浪赛偶得 267

贺新郎·读《易》随感 268

风入松·感动国寿十大人物赞 270

一剪梅·观新年音乐会 272

临江仙·贺三亚国寿嘉园（逸境）奠基 273

卜算子·感受爵士乐 274

江城子·端午咏《离骚》感怀 276

破阵子·建军90周年大阅兵 278

卜算子·贺姚明为国寿代言十周年 280

沁园春·新丝路花雨赞 282

采桑子·新年音乐会偶得 284

采桑子·碧湖放飞 286

采桑子·夏日宵夜 287

一剪梅·平台风光 288

卜算子·茶室小聚 290

念奴娇·华为腾飞 292

朝中措·政协会上 293

鹤冲天·为国寿新一代系统开发团队获奖点赞 294

喜迁莺·贺国寿入主广发银行 295

采桑子·寒食踏青 296

钗头凤·雨霁游园 297

蝶恋花·贺新春 298

蝶恋花·拥抱智能移动互联 300

定风波·傍晚遇雨归来 302

行香子·游春 303

画堂春·政协大会开幕式感怀 304

浣溪沙·碧湖夏影 305

浣溪沙·荔湖春色 306

浣溪沙·沙尘雾霾行路难 307

浣溪沙·夜上海 308

江南好·观外滩灯光秀 309

浪淘沙·改革开放赞 310

临江仙·听唱《春天的故事》 312

满江红·建国七十周年庆典观礼感怀 313

南乡子·蓉城夜游 314

清平乐·月夜放歌 315

山坡羊·春光好 316

山坡羊·二沙岛夜步 317

生查子·凤凰花赞 318

水调歌头·观潮起潮落 319

一剪梅·观经典 320

一丛花令 322

忆秦娥·南国初冬 323

渔家傲·捕鱼出海 324

长相思·避疫思归 325

一剪梅·赞李翁 326

画堂春·贺国寿科技园主体落成 327

临江仙·莫高窟观感 328

卜算子·银装素裹 330

三、自由诗

奇异的月光 332

曲木洞观 333

鸟瞰京畿一角 336

题照高楼与渔船 338

观歌剧《卡门》随感 340

崂山寻道 342

博彩凝思 344

走访龙潭村 346

走进互联网 349

百岁银行家的风采 351

烟花禅 354

大茅远洋生态村赞 356

赏新年交响音乐会随感 358

晨练太极偶得 360

题《疲惫不堪》雕像 361

题照黑云暗海日 364

虚拟之美 366

与绿色同住 368

庄子的生死观 370

应这样优雅的老去 372

题照追逐浪花 374

感悟经典篇

学不可以已

——重读荀子《劝学篇》的启示

（2020年7月）

近日读《荀子》，翻开第一篇便是《劝学篇》。虽然年轻时读过，且尚能背诵其中的名句，但总觉得理解得不够。出于"温故而知新"的想法，这次还是认真重读了一遍。读罢掩卷，感觉又读出了一点新意。在读《劝学篇》的同时，我用穿插的方法又重读了韩愈的《师说》以加深对荀子劝学的理解。通过二者的比较，更显示出荀子的哲思睿智、大师风范和难以超越的思想高度。虽然《师说》是唐宋八大家之首韩愈的千古名篇，但《师说》中的主要观点，早一千多年前，荀子就在《劝学篇》中总结阐述过了。韩愈的贡献在于传承和发展了荀子的思想。我觉得《劝学篇》中有几个重要观点值得今人和后人认真学习践行，且常学、常新，永不过时。

第一，登高望远，善假于物。

读《劝学篇》像读一首散文诗。作者用典用喻信手拈来，形象、生动、深刻，让人在审美中得到哲理启迪。如："吾尝跂而望矣，不如登高之博见也。登高而招，臂非加长也，而见者远；顺风而呼，声非加疾也，而闻者彰。假舆马者，非利足也，而致千里；假舟楫者，非能水也，而绝江河。君子生非异也，善假于物也。"荀子告诉我们，登高望远不是靠自己的主观想象就能达到的，而是需要"善假于物也"，就是说要善于借助外物或外力方可实现。那么如何"善假于物"呢？就是老老实实地学习，认认真真地做事。荀子的劝学不是简单地规劝人们去如何学习，而是重在劝勉、鼓励如何通过学习使人成为真正的人。荀子之所以用"劝学"而不用"劝读",是因为学和读的深度和广度是不同的,学涵盖了读。我认为,荀子的劝学,不仅勉励人们向书本学,而且也要借助外物学,向实践学;既要向有字处学,也要向无字处学。正如荀子在开篇中所言:"学不可以已。"就是说学习是永无止境的事情。现代人的学习与古人的最大不同是"假于物"的领域太宽、太广了。其好处是信息量大,可拓宽视野,其不利之处是易浮躁、难专一。善假于物,但不可依赖于物。借助于外物或外力总是有限的,主观的想象力才是无限的。善假于物的同时,要积极调动和发挥主观能动性,独立思考,努力达到荀子所说的"目不能两视而明,耳不能两听而聪"的专注境界。特别是在现代都市喧嚣、物欲横流的环境下,能做到这一点尤其不易,更是难能可贵。否则,即使登高也难以望远。

尤其是做学问,如果耐不住寂寞,坐不了冷板凳,怎么可能成为名师大家呢?如现在人们经常吐槽的那些到处演说的所谓名师大家就是最好的证明。他们靠海内外光鲜的教育背景和显赫的头衔,专门忽悠那些浅薄的人、虚荣的人,且能招来一群单纯的追星族。现在一些所谓名师砸名校牌子的现象屡见不鲜;有的人从未认真去读书却成了博士或博士后的现象也使人见怪不怪。这正应了《红楼梦》中那两句有名的诗:"假作真来真亦假,无为有处有还无。"总之,要真正潜心学问成为名师大家,就必须拥有大境界。这种大境界就是国学大家王国维老先生用一句著名的宋词所作的形象概括:"昨夜西风凋碧树,独上高楼,望尽天涯路。"

第二,学莫便乎近其人。

荀子曰:"学莫便乎近其人。"把这句古文直译过来就是,学习没有比亲近良师更便捷的了。这句话的引申义应是学习的捷径是亲近良师,少走弯路,亲近良师比自我学习更重要。正如韩愈在《师说》中所说:"古之学者必有师。师者,所以传道、授业、解惑也。人非生而知之者,孰能无惑?惑而不从师,其为惑也,终不解矣。"其一,良师之所以难求,是因为天下没有一个良师的标准放在那里,只能听其名声,看其教出来的弟子之成就。而能够教出有成就弟子的良师毕竟是少数。其二，只有在良好的尊师重教的社会环境下才能良师辈出，在学术自由的条件下才能百花齐放，百家争鸣，色彩纷呈。一个社会的良师越多，人才就越多，社会进步也就越快。其三，如何亲近良师，是获得捷径的关键。荀子曰："礼恭，而后可与言道之方。"就是说对于恭敬有礼之人，才可与之谈论道的宗旨。如此才能亲近良师，在当今时代尤为重要。中国有几千年尊师重教的传统。只有良师辈出，才能人才辈出，才能桃李满天下。其四，人类进入信息时代，知识爆炸，科技进步日新月异，令人目不暇接。再聪明的人，即使穷其一生也只能读到本专业领域的一点点而已。因此，读什么样的书、如何读，这既是机遇，更是挑战。当今的在线学习，网上冲浪，确实颠覆了传统的学习模式。过去一些所谓博闻强记的名师大家也纷纷销声匿迹了，似乎不再需要名师大家了。好像人人都是老师、人人又都是学生。举个有趣的例子，就是在网上或微信上互相转发或编发赠送"心灵鸡汤"。这"鸡汤"确实很美、很鲜、很精辟，可以把人喝醉，但却难以把人喝醒。为什么？一句话，人生是修炼不是速成。不是那些"鸡汤"不好，而是需要长时间来消化吸收，有些难题需要穷其一生去学、思、践、悟。如同学习所有知识一样，也需要得到名师大家的指点，才会少走弯路。可见，在互联网时代，不是不需要名师大家，而是对名师大家的要求更高了。

第三，君子居必择乡，游必就士。

荀子曰："君子居必择乡，游必就士。"这句古文直译过来就是，君子居住要选择好的环境，交游或交友一定要选择品质好的人。荀子认为，只有如此才能防微杜渐，保其中庸正直。"近朱者赤，近墨者黑。"俗话说，看一个人什么样，只要看他身边的朋友就知道了。正所谓物以类聚，人以群分。可见，环境和交友对一个人的成长至关重要。《三字经》中有这样几句话："昔孟母，择邻处。子不学，断机杼。"可见，环境和交友对孟子成为亚圣起到何等重要的作用。特别是孟母这位特殊的良师功不可没。对"孟母三迁"的故事所蕴含的道理国人深信不疑，其精神世代相传。当今不惜高价争抢学区房的现象就是最好的证明。今天与孟子所处的农耕时代不可同日而语了。如何适应现代社会的工作生活快节奏、线上社交新方式，是对择居与交友的最大挑战。择居不当居而不安，交友不当必有祸殃。其实，人生不会有那么多知心朋友，大多为利益伙伴，利尽则散，这就是人性，没什么可指责的。在人的一生中，能得到一两个知己足矣，能遇到几个懂得感恩的人足矣。

第四，青出于蓝而胜于蓝。

荀子曰："青，取之于蓝，而青于蓝；冰，水为之，而寒于水。"这是一个非常形象生动的比喻，其引申意义为学生可超过老师，后代可超过前辈。两千多年来为后人不断引用、深化、践行。韩愈在《师说》中强调："弟子不必不如师，师不必贤于弟子。闻道有先后，术业有专攻，如是而已。"这是古代先贤留给我们的非常宝贵的教育思想。为师者必须为学生之表率，育人者先育己，正人者先正己。荀子曰："神莫大于化道，福莫长于无祸。"就是说精神修养没有比道德熏陶感染更大的了，福分没有比无灾祸更长远的了。一个良师的风范就应像荀子比喻的那样："昔者瓠巴鼓瑟，而流鱼出听；伯牙鼓琴，而六马仰秣。"意思是师者意志坚定专一，为人师表，如古有的瓠巴弹瑟，水中鱼儿也会浮出来倾听；又如古代的伯牙弹琴，拉车的马也会停食仰头倾听。从古至今，由于受良师的教化熏陶，青出于蓝而胜于蓝的学生不胜枚举，可谓群星灿烂。名师是重要的，青出于蓝而胜于蓝更是重要的。对老师的尊重是必要的，但不能迷信。亚里士多德有句名言："吾爱吾师，吾更爱真理。"在真理面前人人平等，学习就是为了追求真理，造福社会。

第五，积善成德，而神明自得。

读罢《劝学篇》，令人回味悠长，余韵绕梁。如果让我从全篇中选出自己最喜欢的一句话，那就是"积善成德，而神明自得"。在那么多优美的富有哲理的名句中，我之所以选择这一句，是因为我是这句话的受益者，可以说这句话是我为人做事的座右铭。每当自己实实在在做了善事的时候,便顿觉心地变得澄明,如通神明,欲望也得到控制,心态也变得平和,头脑也更加清醒。自己曾长期在掌管人、财、物的重要领导岗位上,遇到的诱惑太多,看到周围犯错误的人也太多,有时一想起来就喟然感慨而不能平静。许多时候,控制道德风险比控制经营风险难得多。做人不怕有私心,就怕没底线。庄子有句著名的话:"嗜欲深者天机浅。"如把它改为"嗜欲浅者天机深",且认真践行之,便可体会到什么是"神明自得"了。

在《荀子》中还有一篇惊人大作——《性恶篇》。荀子认为"人之性恶,其善者伪也"。他认为,要解决性恶转向善的问题,首先靠法制,其次靠教化。劝学是教化的重要路径。看来作者把《劝学篇》放在全书的首篇是有深意的。通过劝学来培养有道德的人是《劝学篇》的精髓所在。

荀子曰:"积土成山,风雨兴焉;积水成渊,蛟龙生焉;积善成德,而神明自得,圣心备焉。故不积跬步,无以致千里;不积细流,无以成江海。骐骥一跃,不能十步;驽马十驾,功在不舍。锲而舍之,朽木不折;锲而不舍,金石可镂。"这段话不用翻译,流畅易解,大家可能都学过,甚至还能背下来。我把这段话引用在此,是想强调要以坚韧不拔的精神去学习,在增长知识和才干的同时,也有益于培养人向善的品格。当然,这是一个刻苦修炼的过程,没那么容易获得,需要持之以恒,百折不回。

对此,荀子在《劝学篇》最后用这样的几句话来概括:"德操然后能定,能定然后能应。能定能应,夫是之谓成人。天见其明,地见其光,君子贵其全也。"就是说,有了德行和操守,然后才能做到坚定不移;能坚定不移,然后才能随机应对。此两者俱备了,那就是成熟完美的人了。到那时,天显现出它的光明,大地显现出它的广阔,君子最可贵的就在于他的德行完美无缺。荀老夫子说得多好啊!想想当年某些风光人物,他们或才华横溢,或不学无术,但都能呼风唤雨,甚至不可一世。如果他们读懂了荀子这段话,又怎么会有如此之下场呢?我们应该把"品学兼优、德才兼备"这一原始专利发明权授予荀老夫子。

这次重读《劝学篇》，与过去最大的不同是年龄大了，经历、阅历多了，没了浮躁，可以静静地思考，慢慢地品味。如此简短又博大精深的古文，充分显示了先贤荀子无与伦比的大智慧，其真理之光将永照后人前行。

《易经》的智慧

——略谈乾坤两卦

（2021年6月）

近期，从视频上看到著名结构生物学家、中科院院士施一公先生在"未来论坛"上的一个十分精彩的讲演，令人震撼，发人深思。施先生从广义相对论来解释宇宙，认为宇宙的年龄为138亿年，地球上的生命已存在了35亿年，恐龙统治地球近2亿年，人类直立行走四五十万年，有文字记载的历史约5千年。如果把宇宙史缩短为一个月的话，太阳存在了10天，恐龙统治地球8小时，人类直立行走一分钟，人类文明只存在一秒钟。听了这段高论能不让人震撼吗？更让人既震撼又感奇妙的是，施先生认为，我们现在肉眼能看到的都是主观世界、不是客观世界，肉眼所能看到的不过4%，看不到的占96%，其中还有23%是暗物质。这些暗物质每日成吨地从我们身边流过，因为它没有电磁力，也没有强相互作用，所以我们并没有感觉到它的存在。

看了施先生这个视频演讲后，我首先联想到的是老祖宗留下的"天书"——《易经》。伏羲氏一画开天成列八卦，创立了"无字天书"；周文王演绎八卦为六十四卦并作卦辞，周公作爻辞，创立了"有字天书"。这"无字天书"和"有字天书"虽谈不上是科学，但却是高深的哲学，或幽深的玄学，同施先生讲的一样神奇神秘，奥妙无穷。读《易经》，似乎让人感觉到了暗物质在流动，又似乎觉察到了神秘的奇观。正是看了施先生的这个讲演视频，引发了我的遐思，开拓了我对《易经》研读的视野。现将自己多年研读《易经》得到的一点肤浅体会写下来。

一、《易经》的独特功能

《易经》所阐释的是宇宙万物变化的法则。要弄懂易经的独特功能，首先要了解《易经》的三个基本要义，即简易、变易、不易。所谓简易，就是用阴阳两个符号来囊括和演绎宇宙、社会、人生的无穷变化，就像今天计算机科学中的脉冲二进位"01"，通过运用这两个符号，演变出无穷的信息数据。这就是说越是复杂的变化，其法则越是简易，即大道至简。所谓变易，就是说无论是大自然还是社会人生，每时每刻都处在不断变化之中。所谓不易，是指永恒的自然法则，或者说变是永恒不变的法则。由于《易经》具有一般经典所不具备的要义，所以它所显示的功能也非同一般。对此，从古至今有许多《易经》大家从不同角度进行了总结概括。根据自己多年研读《易经》的体会，通过对象、数、理、占的解析运用，我觉得《易经》的独特功能主要体现在三个方面。

一是预测功能。《易经》起初只是一部卜筮之书。在生产力低下、科技不发达的古代社会，古人运用《易经》原理占卜吉凶，趋利避害，并逐渐成为服务王权的一种制度和礼制的重要组成部分。我曾在河南安阳殷墟见到出土的甲骨文，就是占卜之文。当时占卜的程序烦琐，步骤明确，井然有序，仪式感强，应是心诚则灵吧。从殷商到周代，占卜得到了进一步发展，并由筮草占替代了龟占。又经过上千年的演进，占卜的工具和方法，可以说是层出不穷，百花齐放、百家争鸣。如"奇门遁甲""梅花易数""太乙神数""大六壬""八字算命法""摇钱法"等，不一而足，令人眼花缭乱。同时，大师级的人物也不断涌现，他们留下的经典占卜案例，对《易经》的普及作出了历史性的贡献。其中，不排除某些反科学的迷信成分。但实际上，《易经》中并没有"宿命"思想。从每卦六爻自下而上的排序上看，显示事物都是一个发生、发展、结束的过程，讲的都是因果关系，吉卦中藏有凶，凶卦中藏有吉，都是可以在一定条件下互相转化的。俗话说："易为君子谋，不为小人谋。"还说："善易者不卜。"这些都是千百年来人们运用《易经》哲理与占卜的经验总结。

二是哲理功能。《易经》的哲理主要由卦辞、爻辞和解读卦辞、爻辞的"十翼"组成。据记载，卦辞是周文王在狱中所作，并将八卦推演为六十四卦。爻辞（384个）由周文王的儿子周公所作。解释卦辞、爻辞的七种文辞共十篇，统称《十翼》，相传为孔子所撰。对《易经》的研究，历来分两大派别，即义理派和象数派。义理派重在对易经哲学思想的研究，象数派重在对占卜预测的研究。象数是易学之根基，义理是易学之指归；义理植根于象数，象数是为了表诠义理，二者是一体互显的。可见，易学的派别之分无非是各有侧重罢了。《易经》所蕴含的哲学思想，用国学大师南怀瑾先生的话说，就是"哲学中的哲学"。《易经》哲学思想的最大特点是推天理以明人事。这也正如南怀瑾先生所说，"是学问中的学问"。孔夫子晚年好《易》，爱不释手，以至于"韦编三绝"，并说："加我数年，五十以学《易》，可以无大过矣。"孔夫子五十岁开始研习《易经》，并认为自己以后可以不犯大的错误了，可见《易经》的功能之强。后来孔夫子为《易经》作了十篇著名的注释，即称《十翼》，极大地丰富了《易经》的哲学思想。我在读《易经》乾卦的时候，下意识地总能浮现出孔夫子的影子，并联想到《论语》和儒家积极入世、自强不息的精神。可以说，称孔子为阳刚大易学家是当之无愧的。同时又想起哲学先知老子和他的《道德经》。特别是在读坤卦的时候，老子的影子总是浮现脑际。《道德经》中的"无为而无不为""柔弱胜刚强"的辩证哲思恰是坤卦的基本精神。我认为，老子可能正是受了坤卦的启发，才著述了不朽的《道德经》。可以说，称老子为阴柔大易学家是当之无愧的。可见，《易经》是"哲学中的哲学"，真是概括精辟，名副其实。

三是全息功能。《易经》的全息功能来自象、数，象、数又成就了义理。伏羲画八卦时文字还没有出现，主要是观象悟理。这个象不是一般的象，而是包罗万象。我们常见的如天地人伦，儒、道、墨、法，高典宏章、世俗民风、风水勘舆、中医养生、兵法国策等，可以说无不涉猎。《易经》的象又是从数中来。天地万物皆有定数，循环往复，生生不息。《易经》所揭示的就是这个天理，所以它永远不会过时，且可与时俱进。所谓《易经》的全息功能，是因为它所含的信息覆盖天地万物。之所以如此，是因为它讲的是天理，揭示的是天地万物运行的一般规律。虽然它的古老辞汇未变，但它的义理却能触类旁通，因时而变，常悟常新，并给人以凝思遐想的无限空间。

二、乾卦的自强不息

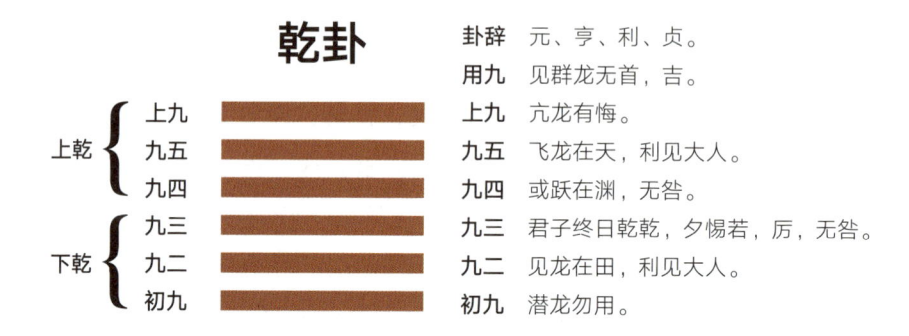

乾卦

	卦辞	元、亨、利、贞。
	用九	见群龙无首，吉。
上乾 { 上九	上九	亢龙有悔。
九五	九五	飞龙在天，利见大人。
九四	九四	或跃在渊，无咎。
下乾 { 九三	九三	君子终日乾乾，夕惕若，厉，无咎。
九二	九二	见龙在田，利见大人。
初九	初九	潜龙勿用。

这张乾卦图，把乾卦的卦辞、爻辞，以及内外卦的卦象都清晰地展示出来了。乾卦《象传》曰："天行健，君子以自强不息。"从卦象上看，六个爻都是阳爻，自下而上每个爻都用龙的不同形象来命名，用九虽未显现阳爻，却用群龙命名，意义非同一般。上下卦皆为三画卦的乾卦，等于是内健外健、上健下健、内外贯穿、浑然一体。

乾卦的卦辞是："元、亨、利、贞。"可谓四德俱全，大吉大利。"元"是万物根源的开创力。如元旦、元年、元月，都是新开始，生生不息的力量由此而生，就象人的元气，是人的根本。"亨"，是无有障碍，畅通无阻。既然有"元"这么大的创造力，把它发扬开来，自然就可以化一切阻力为助力，创造亨通。"利"，就是收获。如果说"元"是春天播种，"亨"就是在夏天里茁壮成长，那么，"利"就是秋天的收成了。"贞"，是固守正道。如果说"利"是秋天收成，那么，"贞"就是冬天储藏了。

上面对卦辞作了一个简要的阐释，现按顺序阐释一下爻辞的基本内涵。

初爻——初九："潜龙勿用。"《象传》曰："潜龙勿用，阳在下也。"

潜龙，就是藏在渊中的龙。这条龙发展潜力巨大，可是处在最低的位置，不为人知，不显示自己，这就是勿用。也就是说，要成大事先下基层，该有的历练必须经历，而且还要耐得住寂寞。可见，在潜龙之时，上面还有五条龙压着你，正如《象传》所说"潜龙勿用，阳在下也"。虽然是阳爻，但不能操之过急。就像东汉末诸葛亮未出山时化名卧龙，高卧隆中等待时机，他一定是受了此爻的启发。

二爻——九二："见龙在田，利见大人。"《象传》曰："见龙在田，德施普也。"此爻为第二爻，处在下卦的中间，合乎中道，且阳居阴位，与九五相应，刚而能柔，懂得中道。这条龙已跃出水面，出现在田野上。由"潜龙"到"见龙"也代表一个深藏在内的东西突然翻上台面，利于见到德高望重的大人物。此时要善待、关爱那些支持你的人和你所尊敬的人，如《象传》所说，阳德见于世，博施而普遍。

三爻——九三："君子终日乾乾，夕惕若，厉，无咎。"《象传》曰："终日乾乾，反复道也。"君子白天勤奋不懈、健行不已，直到夜间休息之时，仍然戒惧警惕，提防危险，似有危厉，最终才不会有灾难。这里的"无咎"，别有意味。"无咎"，通俗点说就是没什么过失，一切平安无事。在《易经》中，对"无咎"的追求，比吉凶、输赢、得失、成败还要重视。人生在世能不出大问题，不怨天尤人，才能立于不败之地，这就是"无咎"。在过去的经济危机中，全世界不知有多少有权有势、有资产的人，眼见他起高楼，眼见他楼塌了，可见，能做到"无咎"，何其难也！

四爻——九四："或跃在渊，无咎。"《象传》曰："或跃在渊，进无咎也。"这条龙或腾跃出水面，或退回渊中，审时度势，从容应对，这样就不会有灾祸。正如《象传》所言：只要勇于进取，掌握好度，即使有较大的风险，也不会有灾祸。仔细琢磨，"或跃在渊"四个字，何其妙也。好像在悬崖边跳舞，一不小心就落到了水底。面对深渊，你是往上跃升还是直接下沉？要刚而能柔，不能太强硬。

五爻——九五："飞龙在天，利见大人。"《象传》曰："飞龙在天，大人造也。"这条龙高飞上天，此时利于见到大人，或是一批辅佐飞龙的有作为的人；或是表现于大众之中，得到大众的认可和拥护的人。《象传》说："飞龙在天，大人奋起，大展雄才，有所作为。"一个人到了金字塔的塔尖，或处在事业的巅峰，既有无限的权力和资源，也面临着无限的诱惑和风险，一旦失去制约，或决策失误，将出现难以想象的后果。

六爻——上九："亢龙有悔。"《象传》："亢龙有悔，盈不可久也。"这条龙飞得过高，进到穷极境地，最终将有悔恨。正如《象传》所言，过于盈满，不可长久，物极必反。也如《文言传》中所言："贵而无位，高而无民。"一个人老是高高在上，必然脱离群众，听不进不同意见，骄纵自傲，肯定无法长久，必然"亢龙有悔"。可见，当一个人位于高处时，能够做到如老子所说的"知足不辱，知止不殆"，持盈保泰，何其难也。

用九："见群龙无首，吉。"《象传》曰："用九，天德不可为首也。"最后出现一群龙，各随其志，但谁也不以首领自居，这是吉利的。正如《象传》所言：用九，就是说乾阳六爻发展到极盛将变，不可以因为在乾天之上而自以为首。可见，"用六"是一个盖顶理论。乾卦中的六条龙没有一个是完美的，都有其不足，也都不容易。乾卦虽然四德俱全、大吉大利，但最后还是走不出"亢龙有悔"的结局。为了破解这一难题，《易经》在六爻之后加上"用六"，设计出一个"群龙无首"的象，颇具深意。这几乎是一个世界大同的象，给人以无限想象的空间，这是何等的大智慧！人类至今仍在破解这个难题，追求这个美好的未来。

以上对乾卦六爻以及"用九"的阐释，限于篇幅不能展开讲。卦中的"龙"，是一种图腾似的意象，在不同的情、境、理下有不同的寓意。为了更深入地理解其义理，这里再对乾卦的《彖传》略加阐释。《彖传》曰："大哉乾元，万物资始，乃统天。云行雨施，品物流形。大明终始，六位时成，时乘六龙以御天。乾道变化，各正性命，保合太和，乃利贞。首出庶物，万国咸宁。"这段话极其精辟，包含的哲理非常丰富。

"大哉乾元，万物资始，乃统天。"大哉，是赞词；乾元是一切创造的源泉。乾元无边无尽，我们只能由衷赞叹。天地万物都要得到乾元的资养才能有所开始，每个人的生命内都有乾元的基因。正因为是"万物资始"，所以说"乃统天"。这个"天"是我们看到的天象，以及宇宙的一切。"元"才是统天、统地、统人，以及生天、生地、生人的根源。

"云行雨施，品物流形。""施"者，布施也。雨属于自然现象，阴阳之气和合到一个平衡点就会下雨。所以"雨"有阴阳和合、生机、化解矛盾，以及和平解决的意思。一个好的布施，可以普度众生，国泰民安。这就叫"云行雨施"。"品"是分档次的，如上品、下品、品尝等。"流形"的"流"就是流动。在"云行雨施"的大好环境下，大地受到雨水滋润，万物生长成形，流得好的是上品，流得差的便是下品。

"大明终始，六位时成，时乘六龙以御天。"大明，指的是光辉灿烂的太阳，六位，指的是乾卦六爻的时位，每爻都有龙的寓意。太阳不断升起，反复运转。六爻按不同的时位而形成，就像六条龙以时令运行于天、驾御天道一样。不管怎么变化，我都可以驾御，而且可以顺着这个变化管理整体大环境。这就是"时乘六龙以御天"。

"乾道变化，各正性命，保合太和，乃利贞。"其基本意思是，天道的变化，万物得以各自完成其自然本性与内在命理；保全太和元气，才能利于固守正道、顺利发展。要"各正性命"来发展自己独特的生命风格或组织特色。"正"者，止于一，上面是"一"，即是"天道"，下面是"止"，即止于入"道"，或"止于至善"。只有"正"才会使你找到应该发展的方向。"保合"是指保持每个人的独立性，保证不同意见的发表，又能合作共赢。"太和"是最大的和谐，而且是不同生命特质、不同民族文化所形成的和谐。北京故宫中轴线上三大殿的命名——太和殿、保和殿、中和殿，就是从乾卦的"统天、御天"而来。因为乾为君，是领导统御的中心。这也是它的文化根源。

"首出庶物，万国咸宁。"这句话的基本意思是，乾元周流不息，创生万物，使天下万方和谐安宁，永保和美昌盛。"群龙无首"是最高境界，但现实中的"首"一旦出问题，就会影响到全局。"庶物"就是民间。要想"万国咸宁"，就必须"首出庶物"，就是说，领导人必须从民间、从群众中通过民主方式产生，并建立有效的监督制衡机制，把权力关进制度的笼子，如此，才能保证"万国咸宁"，天下太平。

三、坤卦的厚德载物

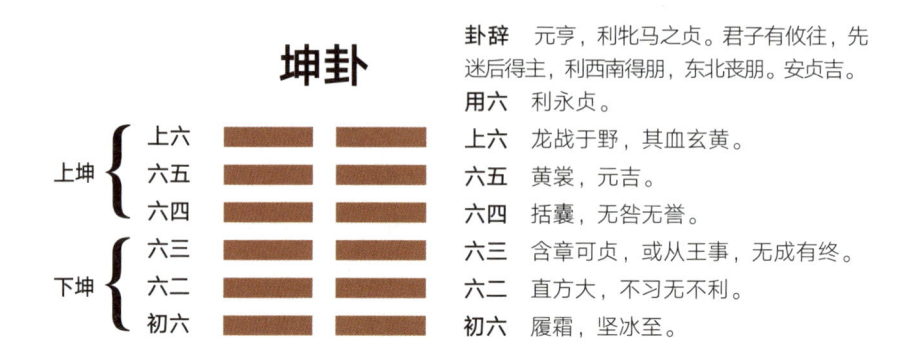

坤卦

上坤 { 上六 ▬▬ ▬▬
　　　 六五 ▬▬ ▬▬
　　　 六四 ▬▬ ▬▬
下坤 { 六三 ▬▬ ▬▬
　　　 六二 ▬▬ ▬▬
　　　 初六 ▬▬ ▬▬

卦辞　元亨，利牝马之贞。君子有攸往，先迷后得主，利西南得朋，东北丧朋。安贞吉。
用六　利永贞。
上六　龙战于野，其血玄黄。
六五　黄裳，元吉。
六四　括囊，无咎无誉。
六三　含章可贞，或从王事，无成有终。
六二　直方大，不习无不利。
初六　履霜，坚冰至。

这张坤卦图，把坤卦的卦辞、爻辞和内外卦的结构都展示出来了。同乾卦相反的是，坤卦的六个爻都是阴爻。《象传》曰："地势坤，君子以厚德载物。"如果说乾卦的卦德是刚健精进、自强不息的话，那么，坤卦的卦德就是顺势用柔、广大包容。坤卦的卦辞为："元亨，利牝马之贞。君子有攸往，先迷后得主，利西南得朋，东北丧朋。安贞吉。"从字面上阐释，可概括为：坤，开始即大为亨通。远出前，乘雄马者与乘雌马者，皆占旅途吉凶，此占利于乘雌马者，君子有所行，先迷途，后找到主人，往西南可以找到朋友，而往东北则丧失朋友。安守正道就会吉利。

"牝马"是老子、也是道家最基本的意象。"牝"即阴柔的、雌性的，不甘雌伏，与之相对的是雄性的"牡"。《道德经》第六章："谷神不死，是谓玄牝。玄牝之门，是为天地根。"坤卦就是教我们包容忍耐，要看得远，不要在乎发展过程中是亨、利或不顺，因为终究会有善终的。坤卦要坚守的"贞"，与乾卦要坚持的"贞"完全不一样。乾卦是通过"刚"来坚持，坤卦是通过"柔"来坚持。

坤卦的爻辞与乾卦的爻辞完全不同，它将"柔弱"和"包容"推向了极致。

初爻——初六："履霜，坚冰至。"《象传》曰："履霜坚冰，阴始凝也；驯致其道，至坚冰也。"《文言传》曰："积善之家必有余庆，积不善之家必有余殃。"爻辞字面上的意思是，踏霜之时，预示着坚冰不久将至。《象传》说，踏霜之时，阴气开始凝结。顺其柔弱之道，结果必将到来。《文言传》说，做好事积善的人家必定为子孙后代留下福荫；做坏事不积善的人家必定给子孙后代留下祸殃。有因必有果，善恶终有报，只是时间问题。有的人做恶好像自己未得到恶报，但却留给了子孙，殃及了后人。初六的爻辞告诉我们，"坚冰至"是未来，"履霜"的时候就要为未来的"坚冰至"，提早做好准备，以防微杜渐。人生很多事就是如此，从履霜的起点到冻结的坚冰之间有一个过程，结冰是这个过程累积的结果。因此，《象传》告诉我们要"驯致其道"，不要逆规律而行；《文言传》告诉我们要积善才会有好结果。

二爻——六二："直方大，不习无不利。"《象传》曰："六二之动，直以方也。不习无不利，地道光也。"字面上的意思是，正直、方正、宏大，不习也没有什么不利的。对此，《象传》的阐释是，六二之动，正直而方正。不习也没有什么不利的，这是因为六二地道柔顺，广大光明。我每次读到六二的爻辞时，都有一种困惑，即"不习"，为什么会无不利呢？有的易学专家解释"不习"就是不需要人为的雕饰。也有的专家解释"不习"就是不习染，即善良的本性不要受不良习气污染，最后当然是"无不利"，有最好的结果。这两种解释虽然都有道理，但总觉得还缺点什么。我觉得此爻"直方大"中最重要、最关键的是"直"。"直"的下面加两点就是"真"。道家修道最后就是"真人"。可以说"直"就是一个"真"的概念。无论是"直"还是"真"，都是一种自然状态。坤卦就是广土民众，坤卦六二阴居阴位，既中且正，反映了百姓天然纯朴的"正直""归真"的美德。

三爻——六三："含章可贞，或从王事，无成有终。"《象传》曰："含章可贞以时发也。或从王事，知光大也。"这个爻辞的字面意思是，蕴含章美可以恪守正道。做事，不居其功，将取得好的结果。《象传》对此指出，要注意审时度势，把握时机，待时而动。如此才能使自己的才智发扬光大。"六三"阴居阳位不当，易犯错、多凶，因此才有"含章可贞"。"含"就是忍耐、不张扬，即使无成，但会善终。

四爻——六四："括囊，无咎无誉。"《象传》曰："括囊无咎，慎不害也。"这个爻辞的意思是，扎紧口袋，虽无灾害，但也不会带来荣誉。《象传》说，扎紧口袋，没有灾害，是说只要谨慎小心就不会有灾害。所以必须谨言慎行，增强自我管控的能力。要懂得居高位而追求虚名，有誉必有咎，名满天下则祸随之，谤亦随之。

五爻——六五："黄裳，元吉。"《象传》："黄裳元吉，文在中也。"爻辞的意思是，穿上黄色的下服开始即吉。《象传》说，穿上黄色的下服开始即吉，是指六五爻的文德在于守中。只要实行柔性领导、穿黄裳面南无为而治，就一定会吉祥，开创一个国泰民安的盛世。老子"无为而治"的思想应是来源于此。坤卦的思想就是要无为而治，不要管得太多，让下面的人自由发挥，甚至给予试错的权利。老板太能干，或太独断，下面没有人可以跟他配合，这个组织就会非常危险。这样的老板就会像乾卦中的"飞龙在天"一样，最终变成"亢龙"，悔之莫及。

六爻——上六："龙战于野，其血玄黄。"《象传》曰："龙战于野，其道穷也。"爻辞的意思是，龙交战于田野，其血染上土地后黑黄混杂。《象传》说，龙交战于田野，说明上六的纯阴之道已经穷尽了。乾卦的龙在坤卦的最后一爻出现，所展示的是乾坤大战、两败俱伤之象。我边写边琢磨这一卦象，觉得太有深意了。我在想，为什么乾卦中的龙会在坤卦最后一爻出现？为什么出现了就会发生乾坤大战？双方谁应负主要责任？这是一个很难说清楚的问题。我觉得，可能是这条龙太过阳刚，不讲方法，甚至蛮横无理，使得坤忍无可忍，终于爆发激战，结果是两败俱伤。如果这条龙不以这种姿态出现，可能就会避免这场恶战。如果坤善于用柔，以柔克刚，或可达成和解，化干戈为玉帛。从卦象上看，好象坤的责任更重要，只要不背离坤卦的柔顺之道、不走偏，就不会出大的问题。总之，这一爻给我们的最重要的启示是，在初爻履霜之时就要意识到未来可能演变为"龙战于野，其血玄黄"的惨状，提前做好预案，始终坚守柔顺之道，力争以和平的方式解决各类争端。

用六："利永贞。"《象传》曰："永贞，以大终也。"此爻的意思是，宜永远恪守正道。《象传》说，用六永远恪守正道，坤阴养育万物就能得到最好的结果。乾卦中的用九为"见群龙无首，吉"，突出的是用阳、用刚、用强。坤卦中用六为"利永贞"，突出的是用阴、用柔、用弱。"利"与"用九"中的"吉"同，也可以说，只要恪守正道、不违天理，不管遇到什么样的困难，终究会是吉利的。

《象传》曰："至哉坤元，万物资生，乃顺承天。坤厚载物，德合无疆。含弘光大，品物咸亨。牝马地类，行地无疆，柔顺利贞。君子攸行，先迷失道，后顺得常。西南得朋，乃于类行；东北丧朋，乃中有庆。安贞之吉，应地无疆。"

这段话十分形象、生动，下面略加阐释。

至哉坤元，万物资生，乃顺承天。坤厚载物，德合无疆。开篇就赞美大地的宽广辽阔，生长养育万物的无私奉献！因为大地效法天并顺从天意，所以才能资生万物，承载万物，与天地合德无疆。

含弘光大，品物咸亨。含弘，就是气度宽宏，忍耐力强，如此才能显示出光大。品物，就是各类人物、各类器物，上下、高低、左右都能包容，如此才会亨通。

牝马地类，行地无疆，柔顺利贞。君子攸行，先迷失道，后顺得常。君子前行时，偏离了乾道所规定的中心线而迷失了路。牝马，即雌性之马，虽不能行空，但却能脚踏实地，驰骋无疆，利于柔顺坚守。君子前行时，虽然偏离了乾道所规定的中心线而迷了路，但后来迷途知返，又顺利地回到正路上来。

西南得朋，乃与类行；东北丧朋，乃终有庆。安贞之吉，应地无疆。按后天八卦图的定位，"乃于类行"是说乾坤类，阴阳互补类，也就是说不要老跟自己相同的人在一起，那是不能生生不息的，应尝试跟自己不一样的人交往，才能创造相反相成乃至更广阔的人生。往西南方向走会得到朋友，往东北方向走会失去朋友，讲的是哲理，就是说方向选对了就会得到朋友，终归吉庆。"安贞之吉"，就是说只要安定祥和地执于正道，就会吉祥如意，驰骋无疆。

通过以上对乾坤两卦的初略阐释，就能理解为什么说乾坤两卦是

《易经》之门、创造力之源了。只有入了这个门，才能更好地理解其他六十二卦的义理和幽深的内涵。乾为心，坤为物，即心物一元。心与物不可分裂。如果心与物各自独立不相关，心不感知物，物也不对心产生作用，那么，我们还会存在吗？乾为刚，坤为柔，即刚离不开柔，柔也离不开刚；太刚了过强，太柔了过软，都难以协调运转。其实，人生也与此同，只有刚柔相济、阴阳协调，才能游刃有余、纵横捭阖。乾卦讲的是理，坤卦讲的是势。知理顺势才能成事，才能生生不息。若违背天理，再大的势也不会长久，甚至昙花一现。如果不懂得灵活运用坤卦所代表的广大民众、复杂的形势、人性的幽微，乾的天理也绝对无法落实。所以乾离不开坤，坤离不开乾，乾坤和合生出八卦直至六十四卦。六十四卦的最后一卦为"未济"，就是说，阴阳变换，生生不息，周而复始，永无尽头。

  结束本文的时候，正值夜深人静，我轻轻地点上一支沉香，深感研读《易经》有益于开阔视野，同时也有益于提高哲理思维的能力。我期待着这个结果，这也是我写此文所得的最好酬报。

略谈经济学理论经典的贡献与局限

（2021年5月）

我长期从事金融经济工作，接触过众多经济学家，其中不乏诺贝尔经济学奖获得者，在同他们的交流中受益匪浅。20世纪90年代初，我在读经济学硕士时，较系统地学习了西方经济学，研读了亚当·斯密的《国富论》、凯恩斯的《就业、利息和货币通论》和萨缪尔森的《经济学》等经济学名著，提升了我对经济问题的理性思考，并发表过若干篇理论文章。今天回过头来看自己年轻时写的那些文章，不但觉得肤浅，而且有些天真。其原因除了理论功底不够外，还受到当时形势的局限。近来我一直在想，世界上那么多经济学经典，既是那个时代的产物，同时又受到那个时代的局限，只能担当那个时代所赋予它的使命，并不能解释和解决后来不同时代的经济危机或债务危机的所有问题。这个想法促使我重新思考并梳理归纳西方主流经济学理论经典的基本观点，同时结合自身的实践谈一点粗略的体会。

一、亚当·斯密经济学理论的贡献与局限

亚当·斯密的《国富论》于1776年出版，正值英国工业革命完成了资本原始积累的关键时期，是一部应运而生的旷世杰作。我读完《国富论》后，认为亚当·斯密的最大贡献可概括为三点：

一是《国富论》的出版标志着经济学作为一门独立学科的正式诞生。在此后的二百多年里，它被加诸西方经济学的"圣经""经济学的百科全书""影响世界历史的十大著作之一"等许多美誉。读《国富论》犹如漫步在二百年前工业革命时期的英国，综观自由市场激烈竞争的众生相。亚当·斯密通过大量的事实和数据分析，得出令人信服的经济学

理论。这个理论来自自由市场经济的实践，同时又成为自由市场经济发展的指南。

二是市场自动调节观。亚当·斯密主张自由市场、平等竞争、自动调节，反对政府干预。他指出："一种事业只要对社会有利，就应该任其自由竞争发展。竞争越自由、越普遍，对整个社会越有利。"他以惊人的洞察力，发现总结出一只"看不见的手"在自动调节市场的自由运行、自动平衡。看似杂乱无章的市场，却能自动倾向于社会最迫切需要的货品种类的数量。如某种需要的产品供应短缺，其价格自然上升，价格上升会使厂商获得较高利润，由于利润高，其他生产厂商也会进入这个行业，生产这种产品。产品增加的结果会缓和原来的供应短缺，而且随着生产厂商之间的竞争，供应增长会使商品的价格降到"自然价格"即其生产成本。他们谁都不是有目的地通过消除短缺来帮助社会，但是问题却解决了。用亚当斯密的话来说，就是"每个人只想得到自己的利益"，但好像"被一只'看不见的手'牵着去实现一种他根本无意要实现的目的，最终却增加了社会利益，其效果往往比他们真正想要实现此目的还要好"。这就是"看不见的手"的力量和其神奇的功能。亚当·斯密发现这只"看不见的手"，如同牛顿发现"万有引力"一样，既改变人类的理念，又给人类带来福祉。用这一理念培育出来的市场经济制度，尽管还有各种不尽如人意的地方，但迄今为止人类还未创造出比这更好的经济制度。在过去的计划经济体制中，我们不尊重价值规律，甚至把"经济人"和"看不见的手"说成是对私有制的公然辩护，为此付出了沉重的代价。所幸的是现在我们已经接受了市场经济制度，承认接受"市场在资源配置中起决定性作用"，虽然还处于初级阶段，但只要不断地坚持和完善，就会屹立于全球发达经济体之林。

三是自利利他观。自利是人的天性。在经济活动中，只有通过自觉利己，才能达到不自觉利他的观点，这是亚当·斯密的又一重大的发现。这种"利己哲学"的建立，成为自由市场理论的基石。如果没有这块基石，就不可能建立起市场经济的大厦。目前在我所阅读过的经济学经典中，无论是古典经济学还是现代经济学，没有任何经济学家怀疑或动摇过这块基石。上面讲的"市场自动调节"的实现,无非也是得益于这块基石的作用。对如何通过自利达到利他,亚当·斯密有一段十分生动而精彩的论述:"我们的晚餐并非来自屠夫、酿酒师和面包师的恩惠,而是来自他们对自身利益的关切。"这段话耐人寻味,令人深思。今天看来似乎为一种常识,但实行起来却并不像常识那么简单。历史一再告诉我们,任何制度或体制,一旦脱离了人的天性去设计,其结果必然被人的天性所否定,这已成为铁律。纵观人类发展史,所有的"乌托邦"式的尝试,无不受到这一铁律的惩罚。正如美国著名历史学家杜兰特所言:"历史只是生物学的一个片段","乌托邦式的平等已被生物学判了死刑"。

亚当·斯密作为经济学的开山鼻祖,对"看不见的手"和"利己哲学"的经典论断,揭示并夯实了自由市场经济的核心理念,为后来诞生的诸多经济学经典奠定了基础、指明了方向。由于写作《国富论》正处于资本主义的上升时期,作者对后来出现的周期性重大经济危机没有经历和体验,因此也不可能有这方面的理论建树。原有的理论在作者身后出现的重大经济危机面前也难以给出化解的良方,这也是历史给予他的局限,而不是自由市场理论本身出了问题。

二、凯恩斯经济学理论的贡献与局限

在亚当·斯密辞世93年后,又一位伟大的经济学家在英国诞生了。他就是名满天下的约翰·梅纳德·凯恩斯。他于1936年出版的《就业、利息和货币通论》轰动了西方资本主义世界,被誉为拯救资本主义重大危机的一剂良方,其理论建树被学术界誉为"凯恩斯革命"。我不敢完全苟同"凯恩斯革命"的提法。细究起来,所谓革命,无非就是革亚当·斯密的"命"。什么是"命"?"命"就是亚当·斯密经济学的本质及其运行规律。我认为,亚当·斯密经济学的本质是揭示了市场经济运行的基本规律,即"看不见的手"与"利他哲学"。凯恩斯既没有否定亚当·斯密"看不见的手"的作用,也没有否定自利利他的理念。他从来都是"自利哲学"的信奉者。他对经济学的最大贡献,就是突破了亚当·斯密理论的某些局限，建立了宏观经济学，丰富和发展了亚当·斯密的经济学思想。《国富论》于1776年出版，比《就业、利息和货币通论》早了160年，可见，两者所处的历史背景和面临解决的问题不可同日而语。

凯恩斯生活的年代，正是英国由自由竞争时期向垄断资本过渡的时期，失业、通胀等问题，困扰着自由市场的有效运行。特别是第一次世界大战后，形势更加严峻，周期性经济危机袭击了整个资本主义世界，到了20世纪30年代的大萧条更是雪上加霜。凯恩斯作为政府官员和学者，亲历了危机带来的阵痛，催生了他的宏观经济理论，并在"二战"后为资本主义国家政府所采纳，取得了积极的成效，因此他被誉为"战后的繁荣之父"。我认为，他的最大贡献可概括为以下几个方面：

一是突出需求管理。凯恩斯认为，生产和就业的水平决定于总需求的水平。总需求是整个经济系统里对商品和服务的需求的总量。凯恩斯认为，短期来看，劳动、资本和技术所决定的总供给是固定的。这样，决定经济发展的主要因素就是总需求。他提出了有效需求的著名论断，即指商品总供给价格和总需求价格达到均衡时的总需求。而社会就业量被认为是由这种均衡状态决定的。但凯恩斯断言，总供给在短期内不会有大的变动，所以就业量实际上取决于总需求和有效需求。如果总需求或有效需求不足，那就不能达到充分就业。经济危机的根源是有效需求不足，主张通过扩大有效需求来化解危机。

二是重视政府直接干预。为了化解危机，凯恩斯以有效需求不足理论为依据，得出了必须依靠政府干预特别是直接干预来调节经济，进而使总需求与总供给相适应的论断。他认为20世纪30年代以前流行的那种自由市场经济会自动达到充分就业、不需要政府干预经济的思想是十分有害的。如听任有效需求不足继续存在，那么，危机和失业就会持久恶化。在反周期中，如何通过增加有效需求来保持经济平稳增长呢？凯恩斯主张政府干预，通过实行积极的财政政策，扩大需求，促进经济增长。凯恩斯在《通论》中"论证"投资量的变动给国民收入带来的影响，要比投资量实际变动本身大得多。这就是"乘数原理"。他由此进一步强调政府干预经济的的必要性，因为根据"乘数原理"，政府投资的增加将会引起国民收入的成倍增加。

三是总结出三大心理规律。增加有效需求要重视政府的干预或直接投资，那么，为什么会发生有效需求不足呢？凯恩斯归因为三大心理因素，即三大心理规律。其一是边际消费倾向递减规律。就是说，居民随着收入的增加，消费也会相应增加，但在增加的收入中，用来消费的部分所占的比例逐渐递减。边际消费倾向的降低，使萧条雪上加霜。其二是资本边际效率递减规律。资本边际效率递减意味着厂商增加投资时的预期利润率递减。凯恩斯认为，投资需求取决于资本边际效率与利率的对比关系。对应既定的利息率，只有当资本边际效率高于这一利息率时才会有投资。资本边际效率递减使资本家往往对未来缺乏信心，从而引起投资需求的不足。危机的主要原因在于"资本边际效率突然崩溃"。其三是流动性偏好规律。凯恩斯认为，资本边际效率不变，投资决定于利率，而利率又决定于流动性偏好和货币数量。货币的供给是由中央银行控制的，如果货币供给既定，那么，利率则取决于人们心理上的流动性偏好。流动性偏好实际上表示了在不同利率下，人们对货币需求量的大小。资本边际效率崩溃导致人们不敢投资、不敢消费，必然加剧流动性偏好，甚至掉入流动性陷阱。

凯恩斯上述经济学思想，对世界的影响是巨大而深远的。他开出的医治危机和反周期的药方被资本主义世界普遍接受，并产生了积极成效，出现了新一轮繁荣。但物极必反，经济的周期性是不以人的意志为转移的。历史进入20世纪70年代，美英为首的资本主义世界陷入了高通胀、高失业、低增长的困境。面对如此"滞胀，凯恩斯主义政策束手无策。"滞胀"是由技术进步使生产力提高，且在资本追逐利润最大化过程中导致失业增加，经济过度开发导致能源极度短缺和成本迅速上升，政府过度干预导致政府膨胀、开支增加、企业赋税增加等多种原因所致。如何破解这一困局？在批判凯恩斯的浪潮中，长期受到冷落的新自由主义经济学登场了。新自由主义的主张很快被美国里根政府和英国撒切尔政府所接受，这标志着资本主义世界新一轮经济复苏开始了。有的学者认为新自由主义的胜利就是凯恩主义的破产。我认为，这是一种偏激的观点，与事实不符。其实，凯恩斯主义一天也没有离开，只是在新的周期下影响力变小了而已。

三、新自由主义的贡献与局限

新自由主义经济学引起世界广泛关注源于二十世纪二三十年代的一场关于市场与政府计划的大论战，最终还是凯恩斯主义占了上风。但新自由主义并没有销声匿迹，反而逐步发展成为一个包括众多学派的思想和理论体系。这个体系由伦敦学派、货币学派、供给学派、理性预期学派构成。新自由主义是在以亚当·斯密为代表的古典自由主义或旧自由主义基础上建立起来的新体系。在这个体系中，以哈耶克为首的伦敦学派和以弗里德曼为首的货币主义学派的贡献最为突出。我研读了哈耶克的《通往奴役之路》和弗里德曼的《资本主义与自由》两本专著后，对新自由主义经济学的复兴及其学说的精髓有了新的认识。

哈耶克的某些极端观点我并不赞成，但他对自由市场配置资源的许多论述是值得参考和借鉴的。20世纪以来，世界各国的经济发展与制度变迁颇有戏剧性。最让人震惊的是20世纪80年代后，苏联和东欧国家经济体制的巨变以及中国经济改革开放取得的伟大成就，已经在一定程度上证明了哈耶克的自由市场经济理论及其讲述的一些经济、政治与社会理念，有许多基本符合人类社会发展演进的方向。当年苏联建立起中央计划经济体制后，西方许多政治学家和经济学家均相信中央计划经济可能是人类未来发展的必然趋势。此时，哈耶克出版了《通往奴役之路》，向全世界大声疾呼：那是一条通往奴役之路。苏联解体以及凯恩斯主义被冷落后，哈耶克名声大振，甚至被西方政界和企业界奉为先知和神明。在他的新自由主义思想中，某些可供我们参考或研判的观点可归纳为以下几个方面：

一是市场经济是人类至今所发现的最有效率的一种资源配置体制。哈耶克认为，"如果由中央配给原料和配置市场，如果每一个自发行动都得由中央当局同意，如果没有中央当局的批准就什么事也不能做的话，中央当局就不可能保持公正，就不可能让人民按自己的意愿安居乐业"。对此他进一步指出，中央计划经济体制会限制个人自由、摧毁人的责任感和社会的道德基础；会阻碍财富的生产，造成社会贫困；亦会导致集权政府的兴起。他当时尖锐地指出，放弃市场竞争和价格机制，用中央计划和政府行政手段干预经济过程和进行资源配置，不但在经济上会导致象诗人荷而德林所描述的那样"用通向天堂的美好愿望来铺设一个国家通向地狱之路"，而且必定会在政治上走向一条通往奴役之路。

二是经济自由是政治自由的重要基础和基本条件。哈耶克认为，西方世界的兴起和近代以来科学的巨大进步，均是建立在个人经济自由和政治自由基础上的一种复杂的市场秩序的结果。"在一个人身自由和个人责任遭到摧毁的体制里，无论是善意或者组织效率，都不足以使人安身立命。"认为私有财产制度是自由的最重要的保障。同时他强调，法治之下才有真正的自由。法治的含义不是政府先以法律来治理社会，而首先是政府的行为在法律约束之下。他还指出，"自由放任"理念是对自由和法治的最大危害。"重要的是不要把对这种计划的反对意见与教条的自由放任态度混淆起来。尽可能用竞争的力量作为协调人类各种努力的工具，而不是让事态放任自流。只要能创造出有效的竞争，就是再好不过的指导个人努力的方法。"

三是民主本质上是实现自由和保障社会安全的一种手段而不是目的。哈耶克痛斥乌托邦式的民主，认为民主也不是一贯正确和可靠无疑。"不要把民主奉为神灵"，但绝不是说民主不重要。他认为，"在一个非常整齐划一和教条主义多数支配的政府统治下，民主政府可能同最坏的政府同样暴虐"。哈耶克坚信，"只要政府的职能是根据一种广为接受的信条被限制在大多数人通过自由讨论而达成一致的那些领域中，民主政府便能成功运行"。

哈耶克上述新自由主义思想，被后来的经济学大师弗里德曼所继承和发展。他的主要观点都体现在他的《资本主义与自由》一书中。弗里德曼认为，在一个自由市场社会中，只要不损害他人，个人可以做任何他想做的事。他极力主张"自由市场、自由企业、自由价格"，认为"看不见的手"的潜力远超导致退化的"看得见的手"的潜力。

  用来替代凯恩斯主义的需求管理和微调的各种经济政策主张中，最一致、最系统的是弗里德曼的货币主义。他给出一个看上去似乎十分简单且平淡无奇的命题：只要稳稳地把好货币这个"舵"，即便是最恶劣的、最极端的经济波动都能够熨平。弗里德曼指出，凯恩斯主义经济政策的错误根源在于，稳定的货币供给的重要性被大大低估了。凯恩斯强调，要推动经济走出低谷，就必须采取积极的财政政策和扩张的货币政策，这是经济复苏的必由之路。但是，弗里德曼通过大量数据研究表明，货币管理不当，正是经济长期低迷的最常见的原因，其中当然包括20世纪30年代的大萧条。弗里德曼提出了自然失业率的概念，并通过这个概念得出一个重要结论：在经济管理中，政府以及公共机构应该"无为而治"。弗里德曼认为，最重要、最顽固的经济问题是通货膨胀，他把通货膨胀看成是一种隐形的税收，受政府加印更多钞票的意愿所推动。他强调，以有限的通货膨胀为代价来保持充分就业的理念，是一种非常危险的妄想。

  上述新自由主义理念曾被当年的美国总统里根和英国首相撒切尔夫人率先接受。他们大力推行私有化，削减公共支出、解除外汇和信贷市场的管制，开创了本国新一轮的经济复兴。繁荣之盛便是衰危之始。2008年美国次贷危机引发的国际金融危机，新自由主义难辞其咎，信奉新自由主义的原美联储主席格林斯潘也受到质疑和指责，新自由主义遇到了与其他经济学经典同样的挑战和局限。为了化解危机，凯恩斯的某些药方又被重新拾起。2020年发生新冠肺炎疫情以来，各国政府纷纷出手直接干预，凯恩斯主义似乎出现了全面复兴的势头。可见，经济学也走不出自身的周期律，无法摆脱经济周期律带给它的局限。

四、几点感悟

  以上略谈了古典自由主义、凯恩斯主义和新自由主义三大经典经济学派的贡献与局限，从中我得出了对经济学经典的几点感悟。

  第一，经济学永远是对现实经济活动的理论总结和对未来经济发展的预期。无论是古典自由主义，还是凯恩斯主义以及后来的新自由主义，都是那个时代现实经济活动的产物，其理论来自实践又指导实践，并产生深远影响，因此才成为经济学经典。在不同的时代或不同的周期下会产生不同的经济学经典。任何经济学经典只能解释和解决某个时期的问题。经典如良药，只有对症才有效，不存在谁革谁的命和谁破谁的产的问题。总是你中有我，我中有你，相互借鉴，优势互补。经典理论的高度一旦被锁定，后人就很难超越，大部分都是诠释或传承，个别地方有所发展。这如同天文学家发现一颗新星一样，谁先发现的就以谁的名字命名，谁就获得了"专利权"。经济学家对未来发展的预期，也只能在过去和现实的基础上进行才有意义。

第二，经济学给出的只是理念而不是可操作的方案。我多年从事金融经济工作，也读过一些重要经济学经典，参加过不少经济论坛，总结起来一句话，就是理论归理论，实际归实际，理论与实际总是不同步。如果理论不能解决实际中的操作问题，那么，经济学理论还有用吗？我觉得既有用也没用。我从未听说过哪位因学了经济学而成为企业家的，这就是没用；同时，我也从未听说过哪位企业家脱离了经济学原理而成功的，这就是有用。经济学的作用是它给出的理念而不是具体的操作方案。读了经济学可开阔视野、转变理念、反思纠错，潜移默化地指导实践。为什么有些成功的企业家还要到商学院去读经典理论和经典案例，其原因也在于此。学到了好的理念，有助于在实际中做出好的操作方案。凯恩斯说："讲求实际的人认为他们不受任何思想的影响，可是他们已经是某个已故经济学家的（思想）俘虏。我确信，与思想的逐渐侵占相比，既得利益的力量是被过分夸大了。不论早晚，不论好坏，危险的东西不是既得利益，而是思想。"哈耶克也说过类似的话："在生活演化中，没有什么是不可避免地，使其成为不可避免的是思想。"可见思想理念的力量是如此之强大。但由于它看不见摸不到，又容易为人们所轻视或忽略。

第三，人性的弱点对经济周期的影响至关重要。经济学与自然科学最大的不同是，自然科学研究的是物质自身运动的规律，经济学是研究人与物质关系的规律。人是有思想的特殊动物，思想的特点是看不见、摸不到、不可测、不确定。思想是由人产生的，同时又是人所不能完全控制的。人在经济活动中的行为受思想支配，经常处于理性与非理性的纠缠之中。人性的最大弱点是自私、贪婪、健忘，这也是产生经济周期或经济危机的重要原因。我认为，无论科技如何进步，人性是不会改变的，一部人类进化史证明了这一点。人类在创造的同时也在毁灭。如对某些资源的过度开发，必然带来某些生态的毁灭。有时人祸引发天灾，有时天灾制止人祸，有时天灾与人祸并行。两千多年前司马迁为商人撰写的《货殖列传》和政府如何调控市场的《平准书》，今天读起来仍然亲切。那些市场法则和商人间竞争的故事和今天的现实没有什么不同，那些天灾与人祸的故事也在历史上不断重演。今天我们与古人比，虽然生活方式和生活工具改变了，但动机和目的却依然如故。因此，我们在经济活动中要注意把握人性的弱点去适应周期而不是消灭周期，努力减少周期带来的阵痛和负面影响。经典经济学开出的药方具有很强的针对性和时效性，不同的周期要用不同的药方，一旦用错了地方和时机，再好的药方也会失灵。其实，在很多情况下，各种药方是配合使用的，无非是有的用得多一些，有的用得少一些；此时用得多一些，彼时用得少一些。这些药方无论如何配合使用，都离不开市场经济这个载体。这也是我在多年的金融经济工作实践中的切身体会，并不像学术界争论的那么复杂。总之，繁荣的周期会给人带来更多的幸福快乐，同时也易产生更多的奢侈、贪婪、堕落，直至爆发危机。我们虽然厌恶危机，但危机又是对人性弱点的矫正，它给人带来痛苦，也给人带来新生。

第四，在经济活动中如何使价值规律这只"看不见的手"与政府这只"看得见的手"实现最佳的协调配合，应是经济学研究和经济管理的最高境界。看经济学经典，感觉最难处理的关系就是"看不见的手"与"看得见的手"的协调配合。古典自由主义虽然主张通过"看不见的手"实现市场自动调节，但也不排除政府这只"看得见的手"的适当间接调控，如制定法律和规则等。凯恩斯主义虽然主张政府可通过"看得见的手"直接干预经济，但并不反对"看不见的手"的基本功能，二者都主张市场经济体制，而非政府计划经济体制。新自由主义虽然发展了古典自由主义，但仍主张适当的政府干预是必要的。正如弗里德曼所说："政府的必要性在于它是竞争规则的制定者，又是解释和强制执行这些已被决定的规则的裁定者。"可见，各学派对实行市场经济的核心理念是一致的，只是对调节方式的运用存在不同的理念。运用"看不见的手"和"看得见的手"两种调节方式，如何做到适时、适当、适度是最难的，也是争议最多的。我认为，完全用"看不见的手"调节，最后也会实现经济周期的自动循环，只不过需要的时间太长，付出的代价太高。所以还是要发挥政府这只"看得见的手"的作用，以弥补"看不见的手"之不足，但这种作用一般应以间接调控为主，非特殊情况下，政府不宜"直接出手"。

第五，经济规律永远是概率规律。经济学上的许多定理和公式都是在假定条件下推导出来的，更适宜解决理念问题，一般不适宜解决操作上的问题。特别是近些年来兴起的计量经济学，虽然对辅助决策有意义，但难以在现实中实证化。虽然计量经济学越来越像物理化学，但永远不会像物理化学那样自身存在着准确的对应关系，同时又不受人的行为影响而确定性的自然演进。人的行为的不确定性和外部事件的不确定性，决定了经济规律永远是概率规律。因此，我们对经济规律的认识和解决方案的探索也永无止境。

第六，必须高度重视财富集中和再分配对经济社会的重大影响。从经济发展和历史演进上看，自由市场在创造奇迹的同时也暴露出它自身难以克服的弊端。如尔虞我诈、坑蒙拐骗、价格操纵等。对此，亚当·斯密早有认识，他写《国富论》之前就写了《道德情操论》，倡导公平正义，规劝人们遵守市场竞争规则。实践证明，道德的约束是重要的，也是脆弱的。市场竞争必然导致垄断、财富集中，甚至两极分化。第二次世界大战之后，资本主义进入垄断阶段，定期爆发的经济危机，严重影响了社会的稳定。这也是产生凯恩斯主义的重要历史背景。此时的资本主义世界纷纷采取政府干预手段，通过再分配的强力举措来反垄断和解决两极分化问题，甚至出现了一些"福利国家"。这种通过非暴力手段来解决财富集中带来的两极分化问题是值得借鉴的。对此，著名历史学家杜兰特对世界历史上的诸多案例进行了深入研究后指出："财富集中是自然的和不可避免的。可以借助暴力的或者和平的部分再分配而得到周期性缓解。就此而论，所有的经济史都是这个社会有机体缓慢的心脏跳动，财富的集中和强制再分配，便是它巨大的收缩与扩张运动。"他还认为，"如果我们的自由经济不能像创造财富那样有效地分配财富，则独裁统治将会向每个人敞开大门，只要这个人能够说服大众，并保证他们的安全"。历史的教训值得吸取，杜兰特的观点值得重视和深入研究，经济学理论经典应作为重要参考。当市场经济发展进入财富集中阶段时，更应超前研判，未雨绸缪，以促进经济发展、社会稳定、人民幸福、共同富裕。

人性的善恶之辩

——读荀子《性恶篇》

（2020年7月）

《荀子》一书共有32篇文章，读后让我深感震撼的是其中的《性恶篇》。记得小时候读《三字经》开头两句便是"人之初，性本善"，但当时还未听到过"人性本恶"一说。后来到了改革开放以后，西方思潮一进来，才知道原来西方人是主张"人性恶"的，为此他们通过法治来规范和约束人的行为，用宗教来规范和约束人的精神。在我的记忆中，我们的出版物和主流媒体从未讨论过人性的善恶问题。读了荀子的《性恶篇》，才猛然发现我们的先贤比西方人提出的性恶论早了一千多年，且比他们精心创作的亚当和夏娃的原罪说更现实、更理性、更有针对性。

荀子的《性恶篇》是针对孟子的"性善论"写的，是一篇批驳"性善论"的檄文。荀子作为晚辈，竟敢于如此批驳他的前辈鸿儒亚圣，这是何等的勇气啊！对此，司马迁在《史记》中，对荀子敢于怀疑和批判的精神赞赏有加。现在我们就来看看荀夫子是如何"批驳"孟夫子的。

第一，荀子曰："人之性恶，其善者伪也。"就是说，人性本恶，其善是后天人为的。他认为，人的本性，一生下来就喜欢财利，依顺这种人性，争抢掠夺就产生了；一生下来就有妒忌憎恨的心理，依顺这种人性，残杀陷害就产生了；一生下来就有耳朵、眼睛的贪欲，有喜欢音乐、美色的本能，淫荡混乱就产生了。由此看来，人之性恶不就很明显吗？怎么会有人之初性本善呢？人的善良行为是后天社会礼法教化的结果，难道是先天就有吗？如果我们把现存的礼法全部取消，人性将会怎样？可见，荀子不绕弯子，开门见山，直奔主题，把人性之恶直接暴露在光天化日之下，如此气魄令人惊叹。

第二，荀子先抓住人们关注的学习问题与孟子交锋。孟子认为，人们之所以要学习，是因为本性的善良。荀子认为这是臆想的，现实根本不存在，找不到任何证据。本性是天然造就的，是不可能学到的，更是不可能人为造作的。如礼义是圣人后天创建的，是人们学了才会，努力从事才能做到的。人不可能学到、不可能人为造作的东西，叫作本性；人可以学会、可以通过努力从事而做到的，叫作人为；这就是先天本性与后天人为的区别。如眼睛可以用来看，耳朵可以用来听。眼睛的视力和耳朵的听力不可能学到，这是人的本性、是天生的。我把荀子这段话理解为学习是人的后天功课，是人为的，不是出自性善，而是为了改造性恶而向善。

第三，孟子曰："今人之性善，将皆失丧其性故也。"就是说，人的本性是善良的，他们作恶都是由于丧失了本性的缘故。荀子认为，这么讲就更错了。如果人的本性生来就脱离了他固有的本真，那就一定要丧失本性。由此看来，人的本性是恶的就很清楚了。所以说资质的美和心意的善良，就像视觉清晰离不开眼睛，听觉清楚离不开耳朵一样。如果人的本性生来就脱离他的本真，就一定会丧失他的美和善。由此可见，人性本恶不就很明显了吗？人饿了想吃饱，冷了想穿暖，累了想休息，这些都是人的情欲和本性。人饿了，看见父亲兄长而不敢先吃，这是因为要有谦让；累了，看见父亲兄长不敢要求休息，这是因为要有所代劳。儿子对父亲谦让，弟弟对哥哥谦让；儿子替父亲操劳，弟弟替哥哥操劳；这两种德行都是违反本性而背离情欲本性了。但却是孝子的原则、礼义的制度。所以依顺情欲就不会推辞谦让了，推辞谦让就违背情欲本性了。由此看来，人之性恶就很明显了，他们的那些善良的行为则是后天人为的。把荀子这段话概括一下就是，人性就是人的自然本性或本能，用今天时髦的话说就是，人性是先天基因的排列组合，是人本身无法安排的。

第四，有人问：人之性恶，那么礼义和法度是从哪里产生出来的呢？荀子回答说，所有的礼义，都产生于圣人的努力，而不是产生于人的本性。如制作陶器的人搅拌黏土而制成陶器，那么陶器产生于制陶工人的人为努力，而不是原先产生于人的本性；木工砍削木材制成木器，那么木器的产生是木工的人为努力，而不是原先产生于人的本性。圣人深思熟虑，熟悉人为的事情，从而使礼义产生了，使法度建立起来了。那么礼义、法度便是产生于圣人的人为努力，而不是产生于人的本性。圣人为了改变人性恶而作出了人为的努力，人为的努力作出后就产生了礼义，礼义产生后就制定了法度。圣人与众人相同的地方是先天之本性，不同的地方是后天的人为努力。圣人不是天生的，是后天人为努力的结果。荀子在这里强调，礼法的产生对改变人性恶的价值和意义，并强调圣人的率先垂范作用。

第五，荀子认为，人们想行善，正是因为其本性恶的缘故。如微薄的希望丰厚，丑陋的希望美丽，狭窄的希望宽广，贫穷的希望富裕，卑贱的希望高贵。如果本身没有它，就一定要向外去追求了。所以富有了就不羡慕钱财，显贵了就不羡慕权势。如果本身有了它，就一定不会向外去追求了。由此看来，人们想行善，实是因为本性恶的缘故。人的本性本来是没有什么礼法观念的，制定礼法来约束人的行为是后天人为的。凡古到今，普天之下所谓的善良，是指端正顺理、安定有序；所谓的邪恶，是指偏邪险恶、悖逆作乱。这就是善良与邪恶的区别。如果真认为人的本性就是端正顺理、安定守序的话，那么又哪里用得着圣明的帝王、哪里用得着礼义、法度呢？可见，若保社会的有序，用礼义来教化，用法治来约束是何等重要啊！荀子在这里提出了一个非常了不起的观点，可把它概括为"善源于恶"。我认为，人们平时所说的"善恶终有报"，其根本原因是出自"人性之恶"。先天之恶一旦超过后天之善的容忍度，就必然受到礼的谴责、法的惩罚。反之，后天之善一旦有效地遏制了先天之恶，就必然受到礼的褒奖、法的保护。总之，这是一个高度的哲学辩题，需要专门研讨，深入论证。

第六，有人问：路上的普通人可以成为禹。这话怎么解释呢？荀子回答说，禹之所以成为禹，是因为他能实行仁义法度。既然这样，仁义法度就具有可以了解、可以做到的性质，而路上的普通人，也都具有可以了解仁义法度，都可以做到仁义法度的才具；既然这样，他们可以成为禹也就很明显了。积累善行永不停息，那就能通于神明，与天地相并列了。所以圣人，是一般的人积累善行而达到的。小人可以成为君子而不肯做君子，君子可成为小人而不肯做小人。路上的普通人可以成为禹，那是对的；路上的人都能成为禹就不一定了。虽然没能成为禹，但不妨害可以成为禹。这是荀非常大胆坦率的观点，他直接否定了神秘主义与生而知之的天命观，在天性方面圣人与普通人一样，只有通过后天的努力才能成就自己。

第七，荀子总结了四种类型人的智慧，即圣人的智慧，士君子的智慧，小人的智慧，奴仆的智慧。荀子认为，话说得且合乎礼义法度，善于旁征博引、千变万化，它的纲纪法度则始终一致，这是圣人的智慧。话说得少且简洁精炼，头头是道而有法度，就像用墨线扶持着一样，这是士君子的智慧。说话奉承讨好，行为却与说的相反，做事经常后悔，这是小人的智慧。说话快速敏捷但没有法度，技能驳杂，广博而无用，不顾是非，不讲曲直，把希望胜过别人作为心愿，这是奴仆的智慧。荀子在这里强调前两种人的智慧对改造性恶向善的主观能动作用，这个区分富有深意。同时强调懂得法度、敬畏法度的特别重要性。

第八，荀子认为，人有三种勇敢，即上等勇敢、中等勇敢、下等勇敢。天下有了中正之道，敢于挺身捍卫；上不依顺动乱时代的君主，下不混同于动乱时代的人民；在仁德存在的地方不顾贫苦穷厄，在仁德丧失的地方不愿富有高贵；天下人都知道他，就要与天下人同甘共苦；天下人不知道他，就岿然屹立于天地之间而无所畏惧，这是上等勇敢。礼貌恭敬而意态谦让，重视中正诚信而看轻钱财，对于贤能的人敢于推荐而使他处于高位，对于不贤德的人敢于把他拉下来罢免，这是中等的勇敢。看轻自己的生命而看重钱财，不在乎闯祸而又多方解脱，苟且逃避罪责；不顾是非、正误，把希望胜过别人作为自己的心愿，这是下等的勇敢。荀子在这里专门讲三种类型的勇敢，它和性恶与性善是什么关系？耐人寻味。其实，抑恶扬善要靠前两种勇敢智慧之人来推动垂范，这个区分别有内含。智慧之门往往是靠勇气冲开的，通天之路往往是由恒心搭建起来的。时代总是在呼唤上等之勇者来推动时代之进步。

第九，经过从不同角度的论辩，最后荀子强调："夫人虽有性质美而心辩知，必将求贤师而事之，择良友而友之。"就是说，人即使有了资质的美好，而且脑子善于辨别理解，也一定要寻找贤能的老师来指导他，结交好的朋友与之同行，使自己在潜移默化中进入仁义的境界。这就是观摩效法的结果。如果与不好的人相处，所听到的往往是欺诈、下流、贪婪……自己将要受到刑罚和杀戮还不知道，这也是由于观摩效法的结果啊！古书上说：不了解你的儿子，看看他身边的朋友就清楚了，不了解你的君主，看看君主左右的臣子就清楚了。荀子最后这几句话可谓语重心长，发人深省。原来克服人性恶，取得人性善，是一场多领域、全方位的终身修炼。

以上九点是我对《性恶篇》思想的梳理概括，直译的不一定准确。荀子对孟子的"性善论"进行了多维度批驳，特别是用了大量形象生动的比喻和对比分析的方法，对"人性善"进行了彻底的否定；同时以此来证明自己主张的"人之性恶，其善者伪也"的论点的正确性，并充满了自信。据史料记载，当年荀子在齐国首都临淄稷下学宫（相当于今天的社科院）当祭酒（学长或院长）时，主持了一场"性善与性恶"的旷世之辩。孟子的弟子们代表"性善"一方，荀子的弟子们代表"性恶"一方，双方激辩，难解难分。最后荀子的两位大弟子——李斯和韩非子表现出色，他们深得荀子性恶论之精髓，战胜了对方。当时轰动列国，天下仰视。李斯和韩非子也因此受到秦王嬴政的青睐，他们的法家思想被秦王照单全收。韩非子和李斯发展了法家思想，特别是韩非子成为法家思想的集大成者。后来李斯当了秦国的了丞相，为秦王统一六国作出了重大的历史性贡献。

事实胜于雄辩。秦统一六国，是法家思想的伟大胜利，是法家思想的成功实践。同时也为荀子的"人之性恶，其善者伪也"的思想注入了持久活力。在后来封建王朝几千年的发展史上，即使在"罢黜百家，独尊儒术"的情况下，这种"性恶与性善"的论辩也或明或暗，从未真正停止过。法家思想也为历代统治者所重视。有人说荀子是儒家的重要代表人物，几乎没人说荀子是法家的重要代表人物，这是片面的，也是不公正的。我个人认为，从《荀子》一书看，荀子确实为发展和丰富儒家思想作出了卓越贡献，同时也对儒家思想中一些不切合实际的东西进行了大胆的扬弃（如性善论）。荀子的最大贡献应是他的法家思想和对儒家思想的修正充实。他的学生韩非子能成为法家思想的集大成者，主要得益于老师的法家思想。我读过《韩非子》一书，如同读荀子的《性恶篇》一样震撼不已。难怪当年秦王嬴政对他朝思暮想，欲与之彻夜长谈。有人说《韩非子》一书全是帝王之术，阴谋诡计连篇，上不了台面。说的倒也没错，正是因为"人性恶"，所以韩非子才发明了那么多"解药"，叫作以毒攻毒吧。其实今天的人类还在用这些药，只是不在台面上说，或公开说时变个样，或只做不说罢了。至今还未听说过哪个国家的地下情报部门或隐蔽战线解散了，或商业秘密公开化了。据说美国哈佛大学非常重视《韩非子》一书，并有专门研究。我认为，《韩非子》要比国内学者推崇的文艺复兴时期的西方政治学名著《君主论》高明得多。

当今，人类已步入信息时代，我们来研究两千多年前农耕时代的荀子思想还有意义吗？答案是肯定的。一句活：虽然科技如此进步，但人性未变。无论是西方的"性恶论"，还是东方以荀子为代表的"性恶论"，本质上是一致的，都有进一步研究的必要，且有利于对人类行为的不断矫正和规范。中国几千年来，儒家思想一统天下，对荀子的思想研究和传播非常不够，评价也有失偏颇，尤其是对"性恶论"。今日读之确有相见恨晚之感，粗浅体会可归纳为如下几点：

第一，要深入研究治理结构的法治化。从人类历史发展看，由人治到法治是人类的共同追求，更是现代文明社会的重要标志。对荀子的"性恶论"我们可以继续争论下去，但荀子对人性弱点的深刻揭示是值得肯定的。既然人有自私、贪婪的先天本性，那么后天对人性的改造、化恶为善就是永恒的主题，无论是国家治理，还是企业治理皆如此。我曾长期在大型金融企业任职，在微观层面上对此感触颇深。记得十七年前，我在农业银行任行长时，因该行系统层级多，管理链条长，信息难对称，如何控制人的道德风险和能力不足风险，是我当时最头痛的问题。有的人能力强但道德不足，有的人道德好但能力不足。面对日益严峻的信贷不良资产上升趋势，我们不得不创新管理体制，建立信贷新规则。新规则就是企业内部的"立法"，由过去多层级的纵向制约为主，改为以横向制衡为主的新的信贷决策机制。将调查与审查部门分离，先横后直，平行制衡。改"一把手独裁制"为"委员会制"，实行一人一票无记名，少数服从多数。但有一种情况例外，就是大家都同意的项目一把手可以否决，大家都反对的项目一把手无权同意。同时设立了"八条高压线"，触线必严惩。如其中有一条是："如不按程序或逆程序操作，即使没有道德风险、没有造成损失，也必须撤销主责任人的职务。"信贷新规则颁布后，首先开办各级一把手培训班，考试合格者方可履行决策职责。信贷新规则实行的头三年，共处理违规责任人七万八千人。可见，一项新制度的真正落实何其艰难，需要付出多大的成本和"牺牲"！经过三年的努力推行，信贷新规则开始步入设计的轨道，有效地规范了多层级的决策行为，使乱放贷款、以贷谋私的问题得到有效治理，信贷资产质量有了根本性好转。我的这个体会说明，主要决策者必须接受制衡，不是过去传统上的上级对下级的监督制约，而是在横向上实现权力制衡，从源头上控制道德风险和能力不足风险。真正实行人定制度，制度管人，制度面前人人平等。当时我之所以冲破阻力要建立信贷新规则，除了为提高信贷资产质量外，还有个小"私心"，就是让自己的权力受到硬约束，从源头上防止被"攻关"、"被围猎"，也可以叫作自我保护吧。后来金融系统的一些高官落马皆与被"攻关""被围猎"有关。可见，如何把权力、特别是一把手的权力关进"笼子里"是何等重要又何其艰难。

第二，要深入研究道德教育的实证化。荀子在《性恶篇》和《劝学篇》中以多种不同提法来强调道德教育对提升人性向善的重要性。荀子认为，首先要实行礼制。礼制是将道德教育实证化的一个重要方式。古人将礼制视为"道德之威"。所谓礼制，就是通过礼仪定式来规范和塑造人们的行为与思想。荀子在《礼论篇》中指出："先王恶其乱也，故制礼仪以分之，以养人之欲，给人以求。使欲必不穷于物，物必不屈于欲。两者相持而长，是礼之所起也。"就是说，古代的圣王憎恨社会出现恶和混乱，就制定出礼仪、划分等级，节制人们的欲望，满足人们的要求，使他们的欲望不会因物质的不足而生乱，而物质也不会因为满足人们的欲望而消耗殆尽。使物质和欲望两者相互制约，保持长久的协调发展，这就是礼仪的起源。荀子这段话，简洁地阐明了礼仪与物质、精神的关系，及其在规范社会秩序中的重要作用。礼仪在中国漫长的封建社会里所起的作用是突出的，效果是良好的，故获得了"礼仪之邦"的美誉。进入现代社会后，对传统的礼仪规范不能一概否定，应取其精华，去其糟粕，这方面我们做得很不够，应补上这一课。同时，荀子认为，只有礼仪是不够的，还必须辅之以"乐育"。用现代话说，还必须有美育。如何实行"乐育"，为此荀子专门写了《乐论篇》。荀子指出："夫乐者，乐也，人情之所必不免也。故人不能无乐，乐则必发于声音，形于动静；而人之道，声音动静，性术之变尽是矣。故人不能不乐，乐则不能无形，形而不为道，则不能无乱。先王恶其乱，故制《雅》《颂》之声以道之，使其声足以乐而不流，使其文足以辨而不思，使其曲直、繁省、廉肉、节奏足以感动人之善心，使夫邪污之气无由得接焉。"这段古文比较好懂，无须直译。荀子在这里强调，通俗音乐是百姓所需要的，可以陶冶百姓性情；像《雅》《颂》这样的高雅音乐更能提升人的境界，这是古代设置音乐的重要原则。总之，当今的道德教育，要认真汲取过去被称为"礼仪之邦"时所累积的精华，创造性地融入现代化、国际化的新型道德教育体系。要注重吸收外来文化之精华，兼容并蓄，提升自我。到大街上高喊"抵制洋货"，看似自强，实为自悲。切忌盲目排外、盲目自信。自信来自实力，没有实力的自信只能是自大。道德教育若不能实证化就必然导致虚化。虚化的表象就是说假话、说违心话。其结果非但不能扬善，反而会助长恶行隐性泛滥。这种集体无意识形成的无声共振之恶最可怕。对此必须高度警惕，严加防范。思想教育不能代替道德教育。要认真总结历史上的经验和教训。道德教育实为一种特殊的人文关怀，靠硬性灌输只能适得其反。只有自愿自觉，人格才能得到提升，且不断向善。

第三，要深入研究"性恶"与"性善"的统一平衡。几千年来，"性恶"与"性善"之辩从未停止过。这里我不站在任何一方，只寻求站在真理一边，只看实践的检验。孟子的"性善论"虽也有严密的逻辑论证，且更能得到人们的情感认可，但一经应用到现实中就往往适得其反。据史料记载，当年孟子用"性善论"游说诸侯实行"仁政王道"，其结果是奔走了几十年无功而返。荀子的"性恶论"朴实无华，经他的弟子韩非子、李斯发扬光大，用于秦国使之强大并统一六国。西方按"性恶论"立法，促进了现代资本主义民主与法制社会的形成。我赞成借鉴荀子"性恶论"中某些思想来建设法治社会，但要认真总结历史上的经验和教训，做好"性恶"与"性善"的统一平衡是至关重要的。秦王朝之所以短命，教训就在于此。只注重用严刑峻法来抑制人性恶，而忽视了用教化的力量促使人性向善，特别是忽视了人性所能承受的底线，造成"官逼民反"，其短命也是必然的了。从哲学视角看，有性恶就必然有性善，二者既对立又统一。从某种意义上说，恶中有善、善中有恶。就像《易经》太极图中的阴阳鱼，阴中有阳，阳中有阴，且在一定条件下相互转化。孟子的"性善论"因过分强调善而忽视了恶，所以不为当时的统治者所用。荀子的"性恶论"因过分强调恶而忽视了善，可从秦王朝的短命中得到教训。我认为，当恶占主导时，善就受到压迫，当善占主导时，恶就得到遏制。可见，无论是法制还是礼仪，只有适当、统一平衡，并为大众所接受，才能抑恶扬善，促进社会和谐稳定。我现在最关心的已不是性善与性恶的学术问题，而是如何解决社会管理中的治理问题。有人说王阳明对人性善恶的四点概括更深刻、更有新意，即："无善无恶心之本，有善有恶意之动；知善知恶是良知，为善去恶是格物。"这四句话体现的是行而上的主观唯心意志，更适宜个人的心性修炼，对社会治理的作用有限。宋明理学之所以不能超越先秦诸子百家，就是因为脱离了人性实际，过分强调伦理道德，如"存天理，灭人欲"就是对人性基本合理需求的扼杀。实践证明，经世致用，还是荀子等诸子百家的学说更管用。

中国漫长的封建社会有法制吗？有，实为专制；有法治吗？没有，实是人治。虽一字之差却反映了社会形态的本质不同。可见，由人治到法治之路何其漫长又何其艰难。几千年来，随着科技的不断进步，人类的生存环境在不断改善，传统的生存模式也不断地被颠覆。但唯一未改变的是人的本性，今后也不会改变。这一点也不奇怪，因为人无法脱离作为生物的存在，若脱离了就不成其为人了。荀子应是最早发现人的本性的先知之一。我读过古今中外不少论辩人性善恶的文章，但至今还未看到一个真正超越了荀子思想的人，原因就是荀子首先揭示了人作为生物存在的一般规律。只有按人性的本质特征来理解人、管理人、发展人，才是人间正道。

老子的"天真"与"无奈"

——读《道德经》的另种感悟

（2020年10月）

《道德经》是我放在案头的经典，常读常新，常悟常得。我也常为老子深邃的哲思而赞叹不已，难怪他的《道德经》在全世界的印刷发行量仅次于《圣经》。一部5000字的经典，两千多年来一直活跃在庙堂与民间，全世界的读者为其作注释解说的文字和文章可谓汗牛充栋。

《道德经》一书的最大语言特点是简洁精辟，隐讳曲折，正言若反。其内容重在论述宇宙本体、万物之源和运动规律的天道，并将其用以关照人道，指导修身治国。老子论述天道的哲学思想，可以说是博大精深、无与伦比、无懈可击。但老子用天道来关照人道、指导修身治国的一些观点，因受时代的局限，却具有明显的理想化和片面性。我将其概括为老子的"天真"与"无奈"，并作为本文的标题。在此谈一点读后感，以抛砖引玉。

一、老子应是"乌托邦"社会的最早设计者

我在三十多岁的时候曾读过欧洲空想社会主义创始人托马斯·莫尔的《乌托邦》，其主题是空想出来的一个国家，一个最美好的社会。那时我还未认真读过老子的《道德经》，只知一点皮毛。我是从《乌托邦》这本书中第一次知道了"公社"和"公共食堂"是干什么的。自己很小的时候，即20世纪50年代人民公社初建时吃过"公共食堂"，所以对此印象深刻，感慨尤多。后来通篇反复读《道德经》的时候才发现，老子心中的理想社会同莫尔所设想的乌托邦社会竟有异曲同工之妙。老子设想的乌托邦社会比莫尔的《乌托邦》早了近二千年。《道德经》第八十

章中，老子对他所设计的理想社会进行了这样的概括描绘：

小国寡民。使有什伯之器而不用，使民重死而不远徙；虽有舟舆，无所乘之；虽有甲兵，无所陈之；使民复结绳而用之。

甘其食，美其服，安其居，乐其俗。邻国相望，鸡犬之声相闻，民至老死，不相往来。

把这两小段古文译成白话就是：

国家小，百姓少，即使有各种各样的器具却不使用，使百姓重视死亡而不向远处迁徙。虽然有车船，没有乘坐远行的必要；虽然有武器，没有列阵示威的必要。使百姓回到远古结绳记事的生活状态。

百姓吃得香甜，穿得漂亮，住得安适，过得快乐。毗邻的国家相互可以看见，鸡狗叫声互相可以听见，而百姓直到老死，都互不往来。

从上述老子描绘的理想社会看，人类社会发展到今天从未实现过。我认为历史上第一个站出来批判反对老子这一主张的应是西汉史学家太史公司马迁。他在《货殖列传》开篇就引用了老子上述的话，并旗帜鲜明地予以否定。司马迁认为："必用此为务，挽近世涂民耳目，则几无行矣。"把这句话译过来就是说，如果一定按照老子提出的这种方式去生活，那么，对于近世来说无疑等于堵塞了人民的耳目，实际上是行不通的。司马迁在给商人立传前，先引用老子的观点并加以否定，可见他对人性的洞悉是何等的睿智。

今天，我们从人类进化、社会发展的角度来看，老子想把一切都恢复到结绳记事的远古单纯质朴的状态，显然是一种复古倒退的天真设想，完全脱离实际，根本不能兑现。每次读《道德经》读到这一章，总有一种不可思议的好奇之感，总在想，像老子这样的哲思大家，为什么会提出如此唯心天真的主张？后来读了有关春秋战国时代的历史，就理解了当时老子的天真与无奈。在诸侯争霸、社会动荡、矛盾尖锐、民不聊生、天下大乱的情况下，老子同诸子百家一样，关注的都是天下、国家、社会、民生的现实问题。不同的是，他提出了"道"的哲学概念，

并借助天道来统辖人道。老子对统治者的残暴极其愤慨。由于环境的险恶，他对统治者的批判和劝诫的表述是含蓄隐讳的。如他提出"贵以贱为本，高以下为基"；"太上，不知有之"；"是以圣人欲上民，必以言下之；欲先民，必以身后之。是以圣人处上而民不重，处前而民不害。是以天下乐推而不厌"。可见，老子并没有否定侯王，而是认为最好的侯王，百姓"不知有之"而已；老子也没有否定有为，只是认为"无为"，才能"无不为"。那么，作为侯王又何必繁令苛政、劳民伤财、强行"有为"呢？显然，老子是在"有君"的旗号下大作"无君"的文章，在"有为"的命题中大作"无为"的论证。这样，他一方面向侯王反复赞美和申明"清静无为"的行为准则，使现实社会的人能够归顺天道，从而防止统治者胡作非为而带来的祸害灾难，否则就会"轻则失根，躁则失君"；另一方面自己又避免了"无君"的罪名，取得了"无君"的实效。既然如此，还有谁对老子学说怀疑谴责呢？还有什么理由阻止老子思想的流行呢？可见，这就是老子的"大智若愚"吧。"小国寡民"虽无法实现，但似乎能给人以一种"世外桃源"的向往，或许能减轻一点百姓的心理压力。这不仅是老子的天真，更是老子的无奈。

二、老子"愚民"思想的由来与负面影响

老子给统治者开出的药方是"无为"，通过"无为"实现"小国寡民"的理想社会。老子为百姓治理开出的药方，我把它总结为"愚民无忧"。老子在《道德经》第十九章中，对自己的"愚民无忧"主张作了这样的概括："绝圣弃智，民利百倍；绝仁弃义，民复孝慈；绝巧弃利，盗贼无有。此三者，以为文，不足。故令有所属：见素抱朴，少私寡欲，绝学无忧。"把这段话直译过来就是：杜绝和抛弃聪明智巧，百姓可以得到百倍的利益；杜绝和抛弃仁义，百姓可以恢复孝慈的天性；杜绝和抛弃巧诈私利，盗贼就不会存在。这三者，以为文饰吧，不足以治理天下。所以，要让百姓有归属之地：显现并坚守朴素，减少私欲，杜绝世俗之学，就不会有忧患。

从老子这段话的写作背景看，应是冲着当时以孔子为代表的儒家

学说来的。老子认为,儒家的圣智、仁义、巧利,是统治者扰民的"有为",是欺骗百姓的文饰,是搜刮民利、六亲不和、产生盗贼的起因,是造成道德沦丧、世风败坏、社会混乱的根源,应该坚决杜绝和抛弃。正确的办法只能是坚持质朴,减少私欲,杜绝圣智、仁义、巧智类的所谓学问,才能没有忧患。可见,在"文"与"质"的对立中,老子强调的是"质",返璞归真,才是治国的出路。

老子强调"质"错了吗?不是错了,是过了。质朴没什么不好,但过于强调返朴就是倒退,就是在愚民。从老子以后两千多年来,人类社会从来未出现过一个"愚民无忧"、返璞归真的时代,反而是智巧越来越多,学说越来越繁,科技越来越发达。但回首人类漫长的皇权专制社会,百姓受尽了愚民政策的压迫,两千年前的老子本来是想解救百姓于水火,才提出"愚民无忧"的主张,结果却被统治者反其道而用之,成为系在百姓头上的一道"紧箍咒",成为优秀传统文化中的糟粕,其负面影响之广之深是不可低估的。这也是老子所始料不及的。如老夫子在天有灵,一定会像当年在《道德经》中大骂此类统治者是背离大道、寡廉鲜耻的强盗头子!(《道德经·第五十三章》:"财货有余,是为盗夸。非道也哉!")

可以理解的是,老子处于乱世,贫富严重对立,社会矛盾尖锐。统治者巧取豪夺,锦衣玉食,声色犬马,生活糜烂,使得国库空虚,田园荒芜,民不聊生,生灵涂炭。因此,老子认为统治者走的是邪恶之路,他们是一伙强盗头子,对他们要进行强烈的控诉和谴责!这是老子在《道德经》中唯一的一次毫无隐讳地将矛头直指统治者,同时也给统治者开出"绝圣弃智"的药方。虽然显得天真,但更多的还是无奈。

三、老子"无为"中的错位倾向

老子"无为"的本意是"无不为",这是老子的一个了不起的贡献。千百年来,"无为而治"的思想,产生了积极的社会治理效果。如历史上的"文景之治"为后来的汉武帝开疆拓土奠定了强大的物质基础,至今还为国人津津乐道。

《道德经》中也有个别地方，对"无为"论述显得有些错位，甚至会产生负面消极影响，主要体现在第三章。

"不尚贤，使民不争；不贵难得之货，使民不为盗；不见可欲，使民心不乱。是以圣人之治，虚其心，实其腹；弱其志，强其骨。常使民无知无欲，使夫智者不敢为也。为无为，则无不治。"译文：在上者不崇尚贤能之人，使百姓不争夺；不珍爱难得的财物，使百姓不为强盗；不炫耀贪欲的事物，使百姓的思想不惑乱。因此，圣人治理天下，要空虚百姓的心灵，满足百姓的饮食，削弱百姓的意志，强健百姓的筋骨，永远使百姓没有奸诈的心智，没有贪婪的欲望，使那些聪明的人不敢有所作为，用无为的方式处理事务，那么天下就没有不大治的。为此，在第四十九章中，老子对得道的圣人和百姓又提出明确要求："圣人无常心，以百姓心为心""百姓皆注其耳目，圣人皆孩之。"意思是圣人要永远没有私心，把百姓的心作为自己的心。让百姓都专注自己的耳目欲望，得道的圣人使百姓都回到婴孩般纯厚质朴的状态。

上述老子这些话，从逻辑上看没有什么不严谨的地方，但放到现实中却难以操作。从《道德经》问世至今，还从未听说过有谁按着这种"无为"思想把国家治理富强了。老子之所以提出这种主张，是因为他看到了当时社会统治者崇尚贤能、占有珠宝、炫耀物欲，是扰乱人心、道德沦丧的根源，所以强调必须回到质朴纯厚的状态，才能无为而治。他的动机和出发点是好的，但背离了人的本性，脱离了社会实际，无法突破当时的社会局限性。

老子"无为"中的某些错位倾向，在其他章节中也有，但不突出，其内涵同本章论述的意义是一致的。如果我们换一个角度来理解老子这些观点，就会得到一些有益的启示和人文关怀。如"不贵难得之货""不见可欲，少私寡欲"，用今天的话说就是不要贪财、不要炫耀、减少私欲，不要去引起不当欲望的地方，这对增强当权者的自律是有益的。再如"为无为，则无不治"，就是用无为的方式达到无不治。这应是当权者追求的最高领导境界。

四、老子的"天真"可爱

老子的"天真"出自他所处的特殊时代。面对天下大乱，生灵涂炭，他深感无助无奈；出于对生命的珍爱，他以童心般的纯净，发出了宁肯回到结绳记事时代的呐喊！这虽然显得天真，但却天真得可爱。或好像"天真"，实为"归真"，表现的是一种悲天悯人的情怀。这种情怀在《道德经》中随处可见，令人感叹。虽然他开出的许多"药方"未被统治者所接受，但却在中国文化中产生了广泛深远的影响。这种影响虽有负面的地方，但整体上还是正能量主导。老子用"天真"的方式，阐明了"归真"的境界，这是《道德经》写作上的千古特色，后人难以企及。在《道德经》中，老子的"返璞归真"思想，既体现在治国上，也体现在修身与养生上。

《道德经》第七章："天长地久。天地所以能长且久者，以其不自生，故能长生。是以圣人后其身而身先，外其身而身存。以其无私，故能成其私。"意思是天地是长久存在的。天地之所以长久存在，是因为天地不为自己而生，所以能够长生。因此，圣人把自身置之度外，却能保存自己。因为他无私，所以能够成就自己。这段话如果不译过来，品原文就更有味道。如果按这段话的要义去修身的话，我们还会自我纠结、患得患失吗？在第八章中，老子为我们找来一位值得效法的榜样，就是"水"。老子曰："上善若水。水善利万物而不争，处众人之所恶，故几于道。"意思是上善的人如同水一样。水滋养万物而不与之争，汇集在人们厌恶的低洼之地，因此，近于大道。对水的赞美，更令人惊叹的是在第七十八章开头一句："天下莫柔弱于水，而攻坚强者莫之能胜，以其无以易之。"意思是天下没有比水更柔弱的了，但是冲击最坚硬的东西没有能胜过水的，因为它是无可取代的。可见，一个人的修身一旦达到了水的品格，就能刚柔相济，左右逢源，纵横捭阖，所向披靡。

在如何养生保全的问题上，老子更是高人一筹。他在《道德经》第九章中指出："持而盈之，不如其已；揣而锐之，不可常保。金玉满堂，莫之能守；富贵而骄，自遗其咎。功成身退，天之道也。"这段话像一首散文诗，既给人以哲思，又给人以审美。把它译为白话文：把持而使它盈满，不如趁早停止；捶击而使它锐利，不能保存长久。金玉满堂，没有谁能守护；富贵而骄，自己招致祸患。功成身退，这才是合于天道啊！这段话像一位长者对后辈人的谆谆教导，语重心长。一个人若把握了这段话的要义并践行之，他的人生就会比较圆满。可惜的是，从古至今能做到这一点的人有几个呢？历史上的开国大将韩信，能忍胯下之辱，却忍不住权力之诱惑。历史上的保国重臣范蠡，功成身退，泛舟五湖，富贾一方，善终天年。可见，功名利禄、荣华富贵这把"双刃剑"竟如此闪光可爱又如此锋利无情！

如何才能修得功成身退、养生善终呢？老子在《道德经》第二十二章中指出：

曲则全，枉则直，洼则盈，敝则新，少则得，多则惑。是以圣人抱一为天下式。不自见，故明；不自是，故彰；不自伐，故有功；不自矜，故长。夫唯不争，故天下莫能与之争。古之所谓"曲则全"者，岂虚言哉？诚全而归之。

上述古文通俗点说就是：弯曲才能保全，委屈才能盈满，破旧才能更新，少取才能多得，贪多反而惑乱。因此，圣人坚守大道为天下的楷模。不自我表现，才是明智；不自以为是，自然彰显；不自我炫耀，因此有功；不自我骄傲，因此长久。正因为不与人争，天下的人没有谁能与他争。古代所谓弯曲才能保全的话，难道也是空的吗？确实能够让他保全。

我认为，老子的这个见解，好就好在针对的是人性的弱点，治的是人的"内热"。老子在《道德经》中，有许多正言若反的话，都是针对人性弱点而来的，很有一种"旁敲侧击"的味道。《道德经》第六十七章中有一句"不敢为天下先"，是老子的三宝之一，常常被人误读。这句话的本意是针对修身而言的，即谦让不争，如用在干事创业上就不妥了。再如第十二章中的"五色令人目盲，五音令人耳聋"，讲的是养生需要清静，如用在今天繁华的都市生活上就不妥了。当然，这些观点有其历史的局限性。

五、老子《道德经》的多用性

《道德经》是一部什么样的书呢？有人说是部哲学书，有人说是部权谋书，有人说是部兵书，还有人说是部宗教书，不一而足。我认为，《道德经》就是一部哲学书，它的哲学思想可以用于治国、修身、养生，也可以用于军事、权谋、宗教。既可以用于出世，也可以用于入世。对此，从古至今可以举出无数成功的案例来加以证明。

读《道德经》也不知有多少遍了，我想用四个词来概括这部经典的写作风格：洞观精微，哲思诗化，异想天开，童趣归真。经典著作如此来写，这也是古今中外罕见的。因此，这部经典不仅士大夫、官员喜欢，普通百姓也喜欢。国学大师南怀瑾先生对儒、道、释经典的作用，曾做出这样的形象概括："儒家是粮店，道家是药店，佛家是百货商店。"老先生说得何等生动深刻啊！中国文化离不开儒家，就像人离不开吃饭一样；无论是解决人的问题还是解决社会问题，都离不开道家，就像治病离不开药物一样。

中国的道教为什么没有道家的影响作用大？中国的道教为什么没有外来的佛教影响作用大？这两个问题回答起来很复杂。简单说有这么几点：一是老子的《道德经》是道家的理论基础。《道德经》没有任何宗教色彩，像一部朴素的辩证唯物主义学说。著名历史学家范文澜先生认为："老子的唯物论是把天地万物的运行生灭看作是遵循自然规律，并无人格化的神存在，人对自然只能服从和效法。"我非常赞成老先生这个观点。二是宗教思想是行而上的唯心论，承认神的存在。道教把道家的学说作为创教的理论基础，把《道德经》作为纲领性经文，把老子奉为教主，炼丹修心，长生不老，羽化成仙。由此可见，道教还不是真正意义上的宗教，老子是人不是神，更不是神派来的使者。总之，无论在事实上还是在思想逻辑论证上都难以成立，所以道教的作用和影响难以超过作为哲学思想流派的道家。三是佛教的影响远远超过道教得益于佛教的中国化。佛教经典皆为形而上的唯心论，自成一体，自圆其说，博大精深。佛教来到中国后，吸收了道家的"清静无为""有无互生"的思想，又吸收了儒家的"修身""忠恕"等思想，很快就融入中国文化，形成儒、道、释融和的局面。其中道、佛两教也产生过较大的冲突和论战。在宗教教义论战中，道教从未真正胜过，历史上有过几次重大的兴佛和毁佛事件。总之，无论怎么说，佛教已成为中国文化不可或缺的一部分，我们日常生活中应用佛家的概念随处可见。道教虽然没有佛教影响大，但由于同道家一体，因为接地气，所以仍有生命力。老子无意却被推为了"教主"，也算是一种宿命中的无奈吧。

墨家为什么被排斥在传统主流文化之外？

——读《墨子》的几点思考

（2021年3月）

记得十五年前到山东调研时，得一套书法家书写的墨子名篇——《兼爱》与《非攻》。由于书法隽永典雅，让我爱不释手，反复欣赏阅读几遍，仍感余兴未尽。这是我以欣赏书法的形式第一次接触到墨子的思想，也是第一次知道了山东是墨子的故乡和墨家的发源地。

读墨子的《兼爱》与《非攻》，给我印象最深刻的就是"兼相爱、交相利"这句浓缩了的墨家核心思想。这六个字强调的是在爱自己的同时也爱他人；在利他的同时也利己。这同现代市场经济所倡导的价值观有异曲同工之妙。墨子在两千多年前就提出如此真知灼见，今天读来仍让人震撼，令人反思。

近一个时期，我认真查阅了有关墨家学说的一些资料，特别是网购到了《墨子》一书，在春节长假里潜心研读，并同传统主流文化中的儒家、道家等思想进行了比较思考。《墨子》一书是墨家思想的经典荟萃。我最喜欢读的是他提出的兼爱、非攻、尚贤、尚同、天志、明鬼、节葬、节用、非乐、非命等十论，也可以说是墨子为了实现他的政治主张所提出的十大政治宣传纲领。他认为："国家昏乱，则语之尚贤、尚同；国家贫，则语之节用、节葬；国家熹音湛湎，则语之非乐、非命；国家淫僻无礼，则语之尊天、事鬼；国家务夺侵凌，则语之兼爱、非攻。"他的这些鲜明的政治主张，切中当时天下大乱的时弊，与孔子所代表的儒家并称为显学，在当时的影响与儒家比已成有过之而无不及之势，正如孟子所言："天下之言，不归杨则归墨。"墨子除了宣传他的政治主张外，还将他的弟子组成一个武装团体。他们为了拯救民生，可以赴汤蹈火，死不旋踵。如公输般为楚造云梯，欲攻宋。墨子派三百名学生去卫宋，他自己则日夜不休，裂裳裹足，走了十日十夜至楚国，成功劝说公输般和楚王放弃了攻宋计划。可见，墨子不愧是一个为民兴利除害的社会活动家。毛泽东曾说，墨子是一个劳动者，他不做官，但他是一个比孔子高明的圣人。胡适称墨翟是中国有史以来"最伟大的人物"。

墨子所代表的墨家，不是只有理论的学派，还是注重实际的实战派。墨家善守御，研究出不少在当时堪称"高科技"的产品并投入到战争防御工事。据史料记载，墨子用防御的技术实力，成功制止了至少四次攻伐战争。英国科学史家李约瑟教授认为，墨家科技思想所遵循的路线如果继续发展下去，可能早就产生欧几里得几何体系了。也有学者研究认为，中国文化至秦后丢失了墨子，其最大损失莫过于丢失了墨子所代表的那种生机盎然、充满创造力的科学精神、逻辑思维、工程学意识。墨子在几何学、力学、光学、形式逻辑等诸多领域卓有建树，在先秦的诸子圣贤中，无人能其右。最近看到一份资料介绍说，墨家分秦墨、楚墨和齐墨。秦始皇陵建造用的是秦墨技术，秦利用墨家技术促进了统一六国的进程。楚墨的技术也很过硬，马王堆汉墓出土的那个未腐的老太太，用的就是墨家的防腐技术。齐墨擅长的是搞理论宣传，为我们留下《墨子》一书。最令人痛惜的是秦墨和楚墨的"高科技"失传了。

读《墨子》、查看有关资料，越读越觉得郁闷，这样一位集卓越政治建树与高超科技才能于一身的文化巨匠，为什么会由显学变绝学直至被排斥在传统主流文化之外了呢？通过这次静下心来读《墨子》，我认为，其原因至少有以下几点。

第一，墨学产生于苦难之民间

墨学创始人"墨子者，姓墨名翟"，同孔子、孟子、韩非子等传统文化巨匠同生活在天下大乱的春秋战国时期。我认为，他们之间的不同是，孔子、孟子、荀子、韩非子等都是在社会的上层观察民间苦难、国家混乱，而墨子则是在社会生活的底层体验民间苦难、国家混乱。我查阅了对墨子生平的有关考述，可以说是众说纷纭，扑朔迷离。有的认为，墨翟为宋国大夫；有的认为墨翟非姓非名，而是"蛮狄"或"黑狄"之意，非中国之产；有的认为，"墨"非姓，因其人曾受墨刑，故以为称。以上这几种说法，让我从中得到启发，但我不倾向于任何一方。作为学术研究考证，百家争鸣是好事。读了《墨子》和看了有关介绍墨子的资料后，我对墨子非凡的才智、技能，以及无与伦比的胆略，产生了强烈的联想和猜测，即墨子一定是出身于贵族家庭，受过良好的教育，天资聪慧，且对发明创造情有独钟。后来其家族破落，流落民间成为平民。他亲历了民间苦难，同情底层民众，欲拯救他们于水火。他既著书立说，又身体力行，组建墨家团队，构筑反战工事、利民工程。用当今的话说，墨家团队就是"大国工匠+高级蓝领"。也有学者用"白与黑"来形容辨别儒墨两家的差别。孔子是"白皙"的，带着某种没落贵族的特征，整天想着"克己复礼"，代表着一个崩溃的辉煌的梦想；而墨子则是"黑色"的，是与生俱来的劳动者，粗犷而朴素，面容消瘦黝黑，长于行动。孔子和墨子，一个更像诗人，一个更像学者。孔子具有诗人气质，喜弦歌、擅礼乐，具有诗性智慧；墨子有科学修养，精通物理，工于制造，重视逻辑思辨和推理。墨学是在反对孔学基础上建立起来的。孔子的仁爱有等差，墨子的兼爱无等差；孔子重礼乐，墨子非礼乐；孔子重丧祭，墨子重节葬；孔子畏天命，墨子非天命……无一不与孔子相反。战国初年，墨学极为风光，与后起的杨朱之"为我"学派同靡天下。在杨墨的夹击下，儒学受到严重挑战。孟子说："杨朱墨翟之言盈天下，天下之言，不归杨，则归墨。"又说："杨墨之道不息，孔子之道不著。"为了捍卫儒学的地位，孟子在广传圣学的同时，不得不肩负起"批杨墨"的重任。杨朱"为我"，墨子"兼爱"，孟子直捣要害，说："杨氏为我，是无君也；墨氏兼爱，是无父也。无父无君，是禽兽也！"在孟子的狠批之下，墨学的传播受到了严重阻碍，杨朱之学则被提前排挤出场。

墨学除了在舆论战中渐处不利地位外，有些操作层面上的东西也难以持续。如墨学"兼爱、非攻、非乐",以"摩顶放踵利天下","以自苦为极而备世之急"。这种苦行僧式的生活和理想化的救世梦想,很难为世人普遍追崇、模仿。再如墨家行侠仗义,墨子领导的是一个半军事化的神秘团体,严格的保密和"钜子"制度,限制了墨学技术诀窍的外传和在民间的推广应用。这应是后来墨学中的"高科技"失传的一个重要原因吧。

墨学产生于底层民间,关注的是民间疾苦,其主张并不为当时的统治者尤其是不为士大夫阶层所接受。虽然墨学与儒学都产生于以强凌弱、以众暴寡、人与人相诈、国与国相战的春秋战国时期,但不同的是一个活跃于社会上层,一个活跃于社会底层。他们虽然都主张和平、尚贤、尚同、修身,但实现的路径不同,价值取向不同。儒学虽有空疏,但对广大士人来说仍有吸引力,特别是当天下大乱到天下大治时,儒学便担当起思想舞台上的主角,成为统治阶级的御用工具,汉代的"罢黜百家,独尊儒术"就是最突出的例证。秦后的两千多年封建专制从未脱离过"独尊儒术"这一特有的主流文化。墨学也从此由显学变为绝学。

第二,兼相爱、交相利之理想与现实间的落差

"兼爱"是墨家思想的精华所在。所谓兼爱就是整体的爱、平等的爱,没有差别的爱。这同儒家的仁爱有根本的不同。儒家的仁爱是分等级的,有差别、分厚薄,是由近及远的人爱之道。如以君君、臣臣、父父、子子为前提,最后扩展至"四海之内皆兄弟也"。

面对当时天下父子不相慈孝、兄弟不相协调、君臣互不信任,道德沦丧、斯文扫地的混乱形势,墨子认为必须用"兼相爱、交相利"来治理。墨子指出:"以兼相爱、交相利之法易之。""视人之国若视其国,视人之家若视其家,视人之身若视其身。是故诸侯相爱则不野战,家主相爱则不相篡,人与人相爱则不相贼……贵不傲贱,诈不欺愚。""夫爱人者,人必从而爱之;利人者,人必从而利之。恶人者,人必从而恶之;害人者,人必从而害之。"就是说,兼爱可以避免天下一切祸敌盗贼,可产生忠孝、和谐、安宁,会带来阶级之间、阶层之间的和谐与互

助，进而实现天下太平。

墨子还认为，兼爱是人心所向，主张成为兼士即兼爱之士，爱无区别，利他，得人心，受欢迎。兼爱又是自爱之前提，也是上天之志。"天之于人，兼而爱之，兼而利之。"即人为天生，在天面前人人平等。天对于人，兼而有之，在身份上是平等的；兼而利之，在机会上是均等的，兼而爱之，在感情上是平衡的。这与基督教的学说相似。既然在天面前人人平等，那么，任何人都没有理由损人利己。

怎样推行"兼爱"呢？应遵循什么样的原则呢？墨子的旨义不外乎"爱""兼""利"三个字。"爱"是核心，"兼"是方法，"利"是实质。爱而不兼，必流于偏爱、自爱，是狭隘的爱，乃罪恶之源；爱而不利，则流于空洞，不足以服众取信。"爱"与"兼"与"利"构成墨子兼爱理论的全部内容。梁启超曾说："儒者常以仁义并称，墨者常以爱利并称。"儒家讲爱有差别，以义为上；墨家讲爱无差别，以利人为上。墨子是一切从实用、实利出发的，正如他在《兼爱》中所说："用而不可，虽我亦将非之。"可见，实用、实利就是墨子立说的出发点，兼爱不是空洞的爱，而是与实利紧密结合。墨子所阐述的一切善政，都落实到为百姓谋利益上来，这正是其兼爱学说的魅力所在。

墨子的兼爱是无差别的人间大爱。可以说要实现世界大同、天下为公，非有兼爱不行。墨家的兼爱比西方基督教文化的博爱，提出的更早、立意更高，可谓异曲同工；与佛教的"众生平等、普度众生"也有诸多契合。那么，为什么博爱、平等至今仍是西方文化的主流，我们却还在这里寻找失落的墨子、探讨兼爱的意义呢？我认为有诸多原因，其中有两种原因是至关重要的。一是秦以后两千多年皇权专制使然。从汉武帝的"罢黜百家，独尊儒术"始，墨学就被彻底排斥在主流文化之外了。即使后来的"儒、道、释"三家融和，也还是以儒家为主，科举取士的考试内容还是儒家经典。这种主流文化的好处是有利于维护国家的统一和社会的稳定，其弊端是窒息了学术自由和科技进步。这也应是中国为什么未能产生工业革命、步入现代文明的重要原因。有一种学术观点认为，墨家的兼爱是没有等级、差别的爱，作为一种理想、一种信仰未尝不可，但若搬到世间来，却断然不行。因为现实生活中实际上存在着差别、存在着爱恶，就不可能实行兼爱。儒家的仁爱虽比墨家的兼爱狭隘，但却接地气、具有可行性。对此，我不敢完全苟同。我认为，正是人世间存在着差别、爱恶、不平等，所以才需要用兼爱来打破它。现代民主政治的平等选举规则与现代市场经济制度的等价交换规则就是最好的例证，难道我们不应该重新反思吗？二是兼爱思想未能从社会人生哲学上升到宗教神学。我赞成把兼爱理想作为一种信仰来追求，这就牵涉到宗教哲学问题。不是中国人缺少宗教情结，而是我们的先哲未能为我们创立一种宗教学说。老子的《道德经》本是一部朴素的唯物哲学，但却被后人奉为道教经典，这虽然有些勉强，但毕竟因此有了中国特色的宗教，同时也使道家在传统主流文化中的作用更加突出。以老子为首的道家和以墨子为首的墨家一样，当时都是在批判儒家思想中成长起来的，结果一个留在了传统主流文化之中，一个却被排斥在外，这确实是值得我们后人深刻反思的。墨家的兼爱与基督教的博爱，在内涵上并无差别，但在应用上却截然不同。基督教的博爱是一种形而上的虔诚信仰，爱的力量源自上帝的仁慈，追求的是天国，实现灵魂的净化与升华。墨家的兼爱正是在这一点上未能突破，虽然他们有严密的组织和神圣的仪式，却终究未能上升至宗教神学。我想这也可能是因为中国文化的早熟，不需要给国人建立起一个形而上的"精神庇护所"所致罢。

第三，非攻、非乐、非命的进步意义与时代的局限

墨子的非攻、非乐、非命三论，在当时天下大乱的战国末期有着非常重要的现实意义，也是对以兼爱为核心的墨学思想的进一步充实完善。非攻、非乐、非命的思想，对当时底层社会的民众更是一个极大鼓舞。墨子带领他的团队构建防御工事、游说劝诫，对缓解百姓的痛苦，取得了积极成效。

首先，阐明非攻要义，志在维护和平。墨子在"非攻"篇中指出："杀一人谓之不义，必有一死罪矣。若以此说往，杀十人，十重不义，必有十死罪矣；杀百人，百重不义，必有百死罪矣。当此，天下之君子

皆知而非之，谓之不义。今至大为不义攻国，则弗之非，从而誉之，谓之义；情不知其不义也，故书其言以遗后世。若知其不义也，夫奚说书其不义，以遗后世哉？"这是一段精彩的思辩。意思是说，杀一个人说不义，必定会有一条死罪。如果按着这个说法类推下去，杀十个人就是十倍不义，必构成十条死罪了；杀一百人一百倍不义，必定构成一百条死罪了。今天最不义的事，是进攻别国，却不知道反对，反而称赞它，说它是义。这是确实不知进攻别国是不义的，所以把称赞的话记载下来传给后世。如果知道它是不义的，那还有什么理由把那些不义的事记载下来传给后世呢？在墨子看来，杀人多者其罪重，偷人多者受责深，这用不着证明。如果有人说少杀人有罪，多杀人有功；小偷有罪，大盗有功，天下一定以为他是疯子。可不幸的是，政客们却常常玩这种把戏；更可悲的是，对这种荒唐逻辑，没有人提出非议。这正是墨子提出"非攻"的基本要义。兼爱与非攻是体和用的关系，兼爱是大到国家之间要兼相爱、交相利，小到人与人之间也要兼相爱、交相利。而非攻主要表现在国与国之间。只有兼爱才能做到非攻，也只有非攻才能保证兼爱。墨子倡导非攻，反对一切非正义战争，志在维护和平。运用和平手段，避免战争的痛苦，达到战争所达不到的目的。但墨子对防御战、正义战，还是支持的。他自己就曾经多次率领他的墨家团队参加过帮人守城的战争。

其次，阐明了非乐的要义，反对高消费。墨子在"非乐"篇中指出："仁者之事，必务求兴天下之利，除天下之害。将以为法乎天下。利人乎即为，不利人乎即止。"一切以利人利他为转移。利人即为，不利人即止。"且夫仁者之为天下度也，非为其目之所美、耳之所乐、口之所甘、身体之所安，以此亏夺民衣食之财，仁者弗为也。"又曰："虽身之其安也，口知其甘也，目之其美也，耳知其乐也，然上考之不中圣王之事，下度之不中万民之利。是故子墨子曰：为乐非也！"在墨子所处的时代，音乐被王公大人们所垄断，与广大劳动人民无缘。作乐"不中百姓之利"，不合乎为民兴利的"圣王之事"，所以要反对。墨子认为当时民有"三患"，即饥不得食、寒不得衣、劳不得息。为乐者"撞巨钟、击鸣鼓、弹琴瑟、吹竽笙、扬干戚",这能保证人民获得衣食之财吗?墨子这些鲜明的"非乐"观点,是针对儒家的重"礼乐"而提出来的。儒者重"文",在物质利益之外,特别注重精神产品。墨家贵"质",注重物质生产,一切从衣食住行等出发,关心的是底层民众的疾苦。

最后,阐明了非命的要义,向命运挑战。儒家对鬼神虽然抱着"敬而远之"的谨慎态度,但对天命却敬之畏之,一丝不苟。墨子是有神论者,对天志、鬼神津津乐道,而对命运问题却力排众议,极力批驳之。墨子为了论证天命说有害,提出了著名的"三表法"。何谓三表?墨子在"非命"篇指出:"有本之者,有原之者,有用之者。于何本之?上本之于古者圣王之事。于何原之?下原察百姓耳目之实。于何用之?废以为刑政,观其中国家百姓人民之利。"墨子这段话中的"本""原""用"三个字,学者们将其概括为三表法。本,又称"考",即考察圣人之意,看其是否讲命,重在历史;原,即推本溯源,考察百姓见闻,重在经验;用,即实验,将天命学说用于实践,看是否对国家百姓有利,重在效果。为此,墨子举了三个例子加以说明:一是桀纣之乱,汤武之治,不在命,而在人为,是古圣王非依于命也;二是从古至今,人民未尝有见命之形,闻命之声,怎么能说有命呢?三是相信命运,有损于统治者厉精图治,有碍于百姓努力劳作,与实践毫无益处。总之,有命之说,上考之圣王之事无所用,下考之百姓耳目无所见,又用之社会实践而无益。可见,有命之说是虚无的、无益的,甚至是有害的。墨子的这些非命观点,对社会底层的劳苦大众具有非常积极的作用。"帝王将相,宁有种乎?"从来就没有什么救世主,只要努力奋斗,每个人都有改变自己命运的可能。

总之,墨子的非攻、非乐、非命学说,是在当时的社会背景下提出的,具有明显的进步意义。但到了天下大治、六国统一,墨子的这些思想未能与时俱进,具有明显的局限性,其势渐衰也是历史发展的必然。主张非攻、倡导和平,是无可非议的,但历史的发展并非如此。一部人类进化历史,充满了残杀与争斗,和平并未成为主旋律。主张非乐,在民不聊生的情况下是积极的,但将非乐绝对化就失去了意义。对此,荀子曾专们写了一篇《乐论》来批判墨子的非乐观点。我反复看了荀子的《乐论》，觉得写得好，可以说将墨子的"非乐"批驳得淋漓尽致。荀子和墨子只是在反对颓废淫邪音乐上观点高度一致。荀子认为，音乐乃"人情之所必不免"之物，具有"入人也深""化人也速""移风易俗"的效用，对于引导人民、治理国家具有重要的作用，不能人为地去压制。实践证明，荀子的观点更具有说服力，也更切合实际。墨子的非命主张，在今天仍具有重要的现实意义。此思想之所以不被儒家所接受，是因为儒家认为"天命"有自然性和必然性的特点，故主张"尽人事，听天命"，也是有一定道理的，且实用性更强。

在即将结束本文的时候，我在想，拟了这么大一个题目，要对其做出全面的有说服力的回答是不可能的。归纳一下本文的思想，就是墨家被排斥在"儒、道、释"传统主流文化之外，由显学变绝学，既有内因，也有外因。其内因是不能取众家之长，与时俱进、完善升华，特别是未能兼顾统治者和中上层社会的需要；其外因是来自儒家的强大攻势和道家的异军突起。儒家善吸取诸子之长，包括在批判中汲取墨家思想对己有用的东西，重"修身、齐家、治国、平天下"，迎合了统治者、士人，以及其他社会精英的需要，故能长盛不衰。道家既批判儒家又融入儒家，拥有为各阶层所接受的辩证哲学体系，再加上《道德经》成为道教经典，故能长兴不绝。墨家学说，在鸦片战争后，特别是在"五四运动"打倒孔家店的口号下，曾有过一段短暂的复兴。我想，随着现代社会化市场经济体制和现代民主法治建设的不断推进，墨家的"兼相爱、交相利"的核心理念及其充满创造力的科学精神，有望复兴光大。

读《红楼梦》第十八回札记

（2020年8月）

　　为了更好地读懂《红楼梦》第十八回，开头想简单谈谈我读《红楼梦》全书的几点肤浅体会。

　　第一，《红楼梦》是一部以言情为主的伟大古典文学名著。我们在看《红楼梦》时不应脱离作者当时的写作背景去过度解读，或刻意拔高。当今对《红楼梦》的解读太多、太繁，各种"红学"研究和出版物，可谓汗牛充栋，令人目不暇接，眼花缭乱。有些研究评说以现代人的思维方式去度量古人的想法，让人匪夷所思，难以苟同。如把贾宝玉说成是具有民主精神的反封建斗士；把宝黛爱情说成是反封建的典型；把黛玉说成是女性觉醒的代表；有的把《红楼梦》作为一本无所不包的百科全书；更有甚者主张研究王熙凤的经济学思想；更让人啼笑皆非的是硬把史湘云说成是贾宝玉的初恋情人，斥责林黛玉是第三者插足，等等，不一而足。我在青年时期读《红楼梦》没有读懂，感觉很压抑，不如读《三国演义》《水浒传》痛快过瘾；年过不惑时读《红楼梦》感到不惑亦惑；年过天命时读《红楼梦》总算是找到一些感觉了。这可能是与人生的阅历有关吧。我认为，如果没有曹雪芹的落魄和亲身经历过的荣华，就不会有《红楼梦》的问世。其实，曹雪芹的高明、高超之处就在于他用文学的语境，深刻地拷问了人性。古今中外拷问人性的书很多，但像曹雪芹这样用"心酸泪""荒唐言"的方式还是前无古人后无来者的。曹雪芹用文学语言把佛家的"空"和道家的"无"诠释得淋漓尽致，让人玩味不尽。入世者读了易醒，出世者读了易静。

　　第二，读懂《红楼梦》要有一点古诗词的基本功。《红楼梦》的最大特色是通过古诗词的凝练、用典、含蓄、寓意等特点来拷问人性、探索人生，并以此为草蛇灰线、伏脉千里，给读者以悬念和揣摩的空间，又给读者以审美之享受。如第一回"甄士隐梦幻识通灵，贾雨村风尘怀闺秀"：那个僧人指着怀抱女儿的甄士隐大笑，口内念了四句言词：

惯养娇生笑你痴，菱花空对雪澌澌。
好防佳节元宵后，便是烟消火灭时。

这首诗为后来甄士隐的女儿丢失、落入薛家受尽煎熬及甄家遭火灾作了伏笔。随后，甄士隐请贾雨村饮酒赏月，贾雨村见甄家大丫环对自己回顾了两次，便顿觉心动，如遇知音，于是口占五言一律：

未卜三生愿，频添一段愁。
闷来时敛额，行去几回头。
自顾风前影，谁堪月下俦？
蟾光如有意，先上玉人楼。

此诗含蓄地表白了自己赶考入仕的愿望还未实现就遇上红颜知己，这不是添愁吗？这应是一种暗恋之愁吧。回顾自己现在的寒酸样子，有谁愿意同你在月下结为情侣呢？正是一种入仕愿望未达、美人难近之愁袭上心头了。怎么办呢？那就只好请皎洁的月光代我上楼去向心上人表达我的爱慕之情吧。接着，贾雨村又畅饮一杯，口占七绝一首：

时逢三五便团圆，满把清光护玉栏。
天上一轮才捧出，人间万姓仰头看。

甄士隐听这四句后大叫："妙极！弟每谓兄必非久居人下者。今所吟之句，飞腾之兆已现，不日可接履于云霄之上了。可贺！可贺！"于是士隐慷慨解囊，助雨村进京赶考。后来雨村果然如士隐所望，金榜题名，如明月捧出，万人仰首。当他进入仕途，荣光归来的第一件事，就是娶了那日向他几回头的甄家大丫头娇杏为妾，实现了他的"三生愿"，解除了他的"一段愁"。

再看贾宝玉神游太虚幻境,寓意伏笔的诗比比皆是。如宝玉看见画着一张弓,弓上挂着一个香橼,下有一首诗词云:

> 二十年来辨是非,榴花开处照宫闱。
> 三春争及初春景,虎兔相逢大梦归。

这首诗中的初春景、大梦归,即为贾妃元春与虎兔相逢之年夭亡作了伏笔。在后面像这样抒情、言志、寓意的伏笔性诗词不胜枚举。

第三,读懂《红楼梦》要有一点佛家和道家的知识。我在青年时期未读懂《红楼梦》,主要原因也在于此。一般人对儒家比较熟悉,对佛家和道家可能陌生,或知道一点皮毛罢了。主要是因为这两种学说从未列入正统教育之内。佛、道思想贯穿《红楼梦》一书的始终,这和作者的身世与遭遇息息相关。《红楼梦》开篇就出现一僧一道"远远而来,生得骨格不凡,丰神迥异",通过一僧一道把读者引入书中情节。"从此,空空道人因空见色,由色生情,传情入色,自色悟空。"这里的"空"是指佛家修炼的最高境界,"色"是指眼睛可观看到的有形之物。对此,作者特别生动地描写了甄士隐于书房手倦抛书入梦的情境,即梦入"太虚幻境"。"太虚"为道家成仙之境。如士隐见那边来了一僧一道,且行且谈。看见"太虚幻境"两边有副对联道:"假作真时真亦假,无为有处有还无。"读这幅对联,若缺少佛、道知识背景,就很难读懂其深意。佛家认为色即为空,所谓真即为假,是一种梦幻泡影,不真不假是性空境界;道家讲有生于无,有无互生。佛教悟空成佛,道教悟道成仙。所以才有仙姑出来为宝玉指点迷津。甄士隐丢失女儿英莲后,日日郁闷烦恼,一日在街上碰见一跛足道人,听他口内念着"好了歌",听后心中彻悟、看破红尘,并给"好了歌"作了形象生动的诠释,然后随道士出家去了。"好了歌"的核心思想是"好便是了,了便是好。若不了,便不好;若要好,须是了。"这也反映了曹雪芹对现世充满了悲观和无奈,对出世充满了向往和期待。对于佛、道两家,在《红楼梦》里是不分的、交融的，无论是成佛还是成仙，都是对行而上的一种终极关怀的追求，都是对精神的慰藉和对灵魂的超度。读《红楼梦》总能感觉到佛、道的关怀，如影随形。即使是在元妃省亲那么短暂的时间里，还专门安排了诵经礼佛仪式。

曹雪芹应是书中主人公贾宝玉的基本原型。虽然贾宝玉受的是儒家教育，但却无儒家"学而优则仕"的追求，喜欢过自由浪漫的公子哥生活，并无真正的反封建自觉。曹公作为那个时代的旁观者、亲历者及其特有的家庭背景，更能参透人生，看破红尘，最后遁入佛、道也是一种必然选择。读《红楼梦》，让我们在艺术享受中，不自觉地思考人生为何、何为人生。伟大的艺术作品，常常出现"作者无意，读者有心"的惊奇。作者用有限的笔墨，给读者以无限的启迪，也是"无意中之有意"。当年曹公在穷困潦倒时著成《红楼梦》，这虽是他的不幸，但却是读者之有幸。他无论如何也想不到自己身后会有如此这般的"红楼热"，会有那么多他意想不到的解读。《红楼梦》已成为读者心中的不朽丰碑。

有了上面这三点体会，再来读《红楼梦》第十八回就轻松多了。我为什么对第十八回如此重视和感兴趣呢？因为全书的重头戏在这里，全书的顶梁柱人物出现在这里。这个顶梁柱人物就是贾家的大小姐贾妃元春，贾家的荣辱兴衰全系于贾妃一身。因她回来省亲才建起了大观园，才有了《红楼梦》。虽然她不是书中的主人翁，但绝对是全书最大的背景人物。贾妃在本书中首次出场，也是她唯一的一次出场。第十八回的题目是"皇恩重元妃省父母，天伦乐宝玉呈才藻"。一看这题目就耐人寻味了。因此，作者写此回格外用心，是其所有才华的一次集中展示。

一、大观园中看大观

大观园是倾贾家之全部财力精心打造的元妃省亲别墅，一句话概括就是：宏大壮观，极尽奢华。从第十八回中几处描绘便可知晓。首先，元宵节的前夜，贾府上下为翌日元妃省亲归来，彻夜通宵忙碌。演出的戏班子在紧张排练，一班小尼姑、小道姑也在不停地学习念佛诵经。至十五日五鼓，自贾母等有爵者，俱各按品大妆。此时园内"帐舞蟠龙，帘飞绣凤；金银焕彩，珠宝生辉；鼎焚百合之香，瓶插长春之蕊；静悄悄无人咳嗽。"其次，当元妃下舆登舟之时，只见"清流一带，势若游龙；两边石栏上皆系水晶玻璃各色风灯，点的如银光雪浪；上面柳杏诸树虽无花叶，却用各色绸绫纸绢及通草为花，黏于枝上，每一株悬灯万盏；更兼池中荷荇凫鹭诸灯，亦皆系螺蚌羽毛作就的：上下争辉，水天焕彩，真是玻璃世界，珠宝乾坤"。再次，当元妃进入行宫，"庭燎绕空，香屑布地，火树琪花，金窗玉槛。说不尽帘卷虾须，毯铺鱼獭；鼎飘麝脑之香，屏列雉尾之扇。真是：金门玉户神仙府，桂殿兰宫妃子家"。最后，在省亲中还可看到一种特殊的大观，就是皇家礼仪排场的宏大威严。贾妃进园，皇家仪式威严浩荡，鼓乐高奏，"一对对凤翣龙旌，雉羽宫扇，又有销金提炉焚着御香；然后一把曲柄七凤金黄伞过来，便是冠袍带履，又有执事太监捧着香巾、绣帕、漱盂、拂尘等物。一队队过完，后面方是八个太监抬着一顶金顶鹅黄绣凤銮舆缓缓行来。贾母等连忙跪下。……有太监跪请下舆更衣。……复出上舆进园。只见园中香烟缭绕，花影缤纷；处处灯光相映，时时细乐声喧：说不尽这太平景象，富贵风流"。

如此之大观，曹公只是有选择性地点到为止。这"烈火烹油，鲜花着锦之盛"，是"开国元勋"的贾家，经过家族几代人的努力达到的巅峰。从刘姥姥进大观园的描绘中，我们更能体会到省亲别墅的宏丽壮观和奢侈靡费。从贾珍同宁府庄头的谈话中可知，大观园庞大的建造费用，已使荣宁二府的经济状况更加捉襟见肘（第五十三回）。绝非赵嬷嬷向王熙凤讲的当年"太祖皇帝仿舜巡"贾家接驾时那样："把银子花得像淌海水似的。"其实那时花的"也不过拿着皇帝家的银子，往皇帝身上使罢了"（第十六回）。这次贾府建造大观园则是穷尽了自己的"内囊"，他们的夸耀奢华，其实只是一场虚热闹，打肿脸充胖子而已。这应是元妃省亲时一再叮嘱今后莫要奢费的主要原因吧。

二、夜宴挥墨展诗才

元妃来至正殿，筵宴大开。元妃乃命笔砚伺候，亲拂罗笺，择其喜者赐名。因题其园之总名曰"大观园",正殿匾额题曰"顾恩思义"。对联云：

天地启宏慈,赤子苍生同感戴；
古今垂旷典,九州万国被恩荣。

接着又将楼阁赐名题匾,最后题一首七绝：

衔山抱水建来精,多少工夫筑始成！
天上人间诸景备,芳园应锡大观名。

元妃题完落笔,自谦一番后,提议各妹和宝玉等也各题一匾一诗,可随意发挥,不受束缚。于是迎春、探春、惜春、李纨、薛宝钗、林黛玉、贾宝玉纷纷挥毫题咏,各展诗才,好不畅快。其中表现最出色的是薛宝钗、林黛玉和贾宝玉。

夜宴的诗主是元妃。谁说宴会赋诗作画只是才子仕人的雅兴？看今夜贾家巾帼闺秀独享的盛宴诗会,既不让须眉也不逊蔡女、班姑,让人眼界大开。作为大姐的元妃,挥毫开篇的对联,不同凡响,可谓对仗公整,意境宏远,好大气魄！曹雪芹在第十八回里将元妃隆重推出,场面描写宏大,情节描写细腻,唯一没有描写的是元妃的容貌长相。这就是曹公不落俗套,在艺术创作上的高超之处。因为当年元春是按才学与贤德被选进宫的。由于她表现突出,才被选入凤藻宫任尚书,加封贤德妃(细节请看第十六回)。元妃省亲于大观园中所展示的诗才,已见证了她的才华名不虚传。这在男尊女卑的封建社会是十分难能可贵的。皇宫中美女如云,但肯定不会才女如云。曹公有意不写她的容貌就是因为她有一般美人不具备的特点。想想看,她的容貌不仅不会差,而且会非常姣好,否则就不会被加封"贤德妃"了。那么,容貌姣好到什么程度呢？曹公把这个审美空间留给了读者。或丰满雍容像杨贵妃,或清秀骨感像赵飞燕。总之,读者喜欢哪种美,哪种美就会呈现于你的想象之中。这就是曹公艺术手法的过人之处,可称为"不写之写"吧。

元妃称赞宝钗的诗好，是因为宝钗的诗风格清丽含蓄，体现了"贤德淑女"的品格。现将宝钗这首七言诗录于下：

凝晖钟瑞（匾额）

芳园筑向帝城西，华日祥云笼罩奇。
高柳喜迁莺出谷，修篁时待凤来仪。
文风已著宸游夕，孝化应隆归省时。
睿藻仙才瞻仰处，自惭何敢再为辞。

宝钗这首诗十分应景，用"莺出谷""凤来仪"把元妃娘娘出宫省亲的风韵渲染得含蓄灵动；用"宸游夕""归省时"，点出元妃把宫廷的礼仪和家庭的孝道带到了大观园，使元宵夜祥和隆盛；用"睿藻仙才""自惭何敢"，赞美了元妃的才学和自愧不如。如此诗句恰到好处，让赞美者和被赞美者都感到舒服、优美。从这首诗中可看出宝钗是一位有心人，更是一位虔诚遵从封建礼教的才女。

元妃称赞黛玉的诗好，是因为黛玉诗的风格唯美别致，用典生动，俏皮可爱，给人以更多的审美联想。现将黛玉的诗录于下：

世外仙源（匾额）

宸游增悦豫，仙境别红尘。
借得山川秀，添来气象新。
香融金谷酒，花媚玉堂人。
何幸邀恩宠，宫车过往频。

全诗写得飘逸优雅，出神入化。特别是中间四句，用典贴切。"金谷酒"是诗意的象征，"玉堂人"是皇宫妃子。在如此诗意酒香中，像花一样明媚的元妃，何用"邀恩宠"呢？自然就会"宫车过往频"啊！从此诗可看出黛玉真是一个天真无邪的少女，更是一个追求美玉无瑕的自由人！

元妃称赞宝玉的诗好，是因为宝玉的才学"果然进益"了。元妃称赞宝玉四首诗中最后一首最好，但她并不晓得是黛玉为其捉刀代笔的。

宝玉在酝酿写这四首诗时，有两个小插曲最耐人寻味。一是宝玉在酝酿第三首时，因有一个字用得不妥，想换一个，但怎么也想不起来换哪个好。正急得满头大汗时，宝钗悄悄地帮了他一把。宝玉感谢不尽，称宝姐姐为一字之师。宝钗却向宝玉咂嘴道："亏你今夜不过如此，将来金殿对策，你大约连'赵钱孙李'都忘了！"宝钗这句话意味深长，也是对宝玉未来的科举仕途既充满期待也充满担忧；同时也说明宝玉平时并未在此下功夫，更没有这种理想追求。当宝玉酝酿第四首诗时，黛玉看他如此辛苦艰难，便叫他抄录前三首，"却自己已吟成一律，写在纸条上，搓成个团子，掷向宝玉跟前。宝玉打开一看，觉得比自己作的前三首高出十倍，遂忙恭楷誊完呈上"。这一首就是元妃称赞最好的那首。现抄录如下：

杏帘在望

杏帘招客饮，在望有山庄。
菱荇鹅儿水，桑榆燕子梁。
一畦春韭绿，十里稻花香。
盛世无饥馁，何须耕织忙。

元妃看后，喜之不尽，遂将"浣葛山庄"改为"稻香村"。不是"稻香村"的名字起得好，而是这首诗写得好，诗的意境好，呈现出一幅山村酒家、稻香田园、丰衣足食的优美画卷！真是动感十足，令人向往。

这次元宵夜宴诗会最出彩的地方就是元妃带头赋诗，以及宝钗、黛玉为宝玉点拨与捉刀代笔的精彩片段，看了让人忍俊不禁的同时，又给人以更多的联想。为什么宝钗、黛玉两位绝世美人，都喜欢这位十足的公子哥、王夫人眼里的"混世魔王"呢？原因当然很多，其中一个直接原因，就是他们都住在一个大观园里，朝夕相处，悲欢与共。一个风流倜傥的小哥，两个多才美貌的小姐，他们都是才十多岁的少年，整天在一起游玩，耳鬓厮磨，想不多情都不行，这是青春的燃烧，更是人性的本能。宝钗和黛玉对宝玉都一往情深，实心实意。不同的是宝钗的爱情观未能脱离正统功利，为当时社会的正统礼教所普遍接受；黛玉的爱情观已超越传统进入自由纯粹，是一个叛逆的典型，但不为当时的社会主流意识所接受。对她们的不同选择都是可以理解的，没有必要判定谁对谁错，对她们的爱情和婚姻的最终不幸均应表示同情和反思。曹公的贡献就在于，他把这种爱情的"自私之美""忧伤之美""无常之恨""深爱之恨"写到了极致，让人在"忧伤爱恨"之中享受审美；同时把对她们的同情和反思留给了读者，相信每个人看了都会有不同的感悟。曹公的写作不可能超越历史所给予他的局限，因此我不赞成把他的这种艺术精华，贴上什么"主义"或什么"价值观"等吸引人眼球的标签，否则也就没有《红楼梦》的真正艺术可言了，更不可能走向世界了。

三、元妃落泪与叮嘱意味长

本来元宵节省亲是阖家欢乐的大喜事，但人生就是这样喜极则悲。本来大观园建成，为贾府增添了尊荣，但事物就是这样荣极则衰。元妃在大观园里见到自己的诸位亲人，几次落泪，几多惆怅；见到大观园如此豪华，几次提醒，再三叮嘱：今后不可再如此奢靡。元妃必毕尊居凤藻宫尚书，又有皇帝恩宠，可谓见多识广，本可盛气凌人，颐指气使，但她却平和、贤淑如初，气质越发暖人可亲。她在整个省亲过程中，像远游的女儿回家，亲亲热热，嘘寒问暖。她的落泪，她的叮嘱，令人感动，用心良苦，意味深长。

当她步入大观园，首先见到祖母和母亲时，三人挽手，"满心皆有许多话，但说不出，只是呜咽对泣而已。……半日，贾妃方忍悲强笑，安慰道：'当日既送我到那不得见人的去处，好容易今日回家，娘们儿不说不笑，反倒哭个不了；一会子我去了，又不知多早晚才能一见呢！'说到这句，不觉又哽咽起来。"书上这段生动的描写，把要说的话都放在了泪水里。你看，这哪里像荣耀归省，分明是"劫"后重生，仅一句"当日既送我到那不得见人的去处"，就不知包含着多少孤寂、辛酸，多少无言隐痛！特别是元妃在与父亲贾政隔帘对话时说的那番话，更是真情无忌。虽贵为帝妃，"富贵已极"，但却是以幽闭在寂寞深宫及亲情的阻隔为代价的，"终无意趣"！而田舍之家，虽生活简朴，"得遂天伦之乐"！元妃这些震撼人心的肺腑之言，吓得父亲贾政战战兢兢，委婉地告诫女儿，千万别以父母骨肉亲情为念，"勤慎肃恭"地侍候皇上，来报答皇上的浩荡皇恩。正是政老爹这番谏言，警醒了元春，她忙告诉父亲"国事宜勤，暇时保养，切勿记念"。其实，贾政所担心的是，一旦女儿的这番谏言在宫里表现出来将会获罪，招致难以预料的后果。

　　元妃的第二次落泪是见到自己的弟弟宝玉。元妃命小太监引宝玉进来，先行国礼后，元妃高兴异常，携手将宝玉揽于怀内，又抚其头颈笑到："比先长了好些……"一语未了，泪如雨下。元春被选进宫前，一直是宝玉的启蒙老师，疼他、爱他，可谓关怀备至。元春入宫后，时时带信出来与父母说："千万好生扶养：不严不能成器，过严恐生不虞，且致祖母之忧。"虽然宝玉对姐姐也有手足深情，但当年对姐姐晋封之事却毫不介意，视有如无。因此，当时众人嘲笑他越发呆了（见第十六回）。宝玉的冷漠并非无情，而是对宫廷、官场、仕途的无意识、无兴趣。也许如鲁迅先生所说："悲凉之雾，遍被华林，然呼吸而领会之者，独宝玉而已。"但愿宝玉有这种理智与觉醒。元妃见到弟弟不禁落泪，更是喜忧参半。一是看到宝玉有了长进而喜；一是为他读书入仕与婚姻大事而担忧，最终还是为了家族的兴衰而担忧。省亲后，她从宫中送出的给众弟妹的端午赏赐中，独宝钗和宝玉的相同，均含两串红色香珠。从封建礼法上来看，应有传递姻缘之深意。也许是省亲时盛宴诗会上宝钗的才貌贤德打动了元妃。写到此，想起西方一位哲人的话："爱情只有当它是自由自在时，才会叶茂花繁。认为爱情是某种义务的思想只能置爱情于死地。"这句话正好验证了后来宝玉的爱情悲剧。

　　元妃的最后一次落泪是告别亲人起驾回銮。元宵省亲晚宴结束后，贾妃赏赐完亲人礼物，众人谢毕，执事太监宣布时辰已到，请贵妃起驾回宫。"元妃不由得满眼又滴下泪来。却又勉强笑着，拉了贾母、王夫人的手，不忍放，再三叮咛：不须记挂，好生保养。……见面尽容易的。"元妃的最后告别之泪是不舍离去之泪，是忧伤之泪，更是充满牵挂之泪。

　　元妃的首次省亲，虽然皇家礼仪隆重，场面庄严、豪华，但并未给她带来多少"衣锦还乡"的欣喜和荣幸。她除了多次落泪外，还为家族豪华奢靡的举动深感忧虑。一进大观园，元妃在轿内看到园内如此豪华，便默默叹息奢华过费。当漫步观赏一桩桩新奇点缀，一处处不已铺陈时，元妃一边夸赞，又一边劝嘱道："以后不可太奢，此皆过分。"当起驾回宫与家人挥泪告别时又一次叮嘱："倘明岁天恩仍许归省，不可如此奢华靡费了。"看来元妃几次之规劝叮嘱，皆语重心长，意义非同小可。说明元妃已看到了贾家即将走向衰落的迹象，或预感到了某种不祥之兆。如今的元妃，经过宫中多年的历练，已是一个心中写满沧桑、明眼淡定的"过来人"了。后来所发生的事，充分验证了她的睿智和过人之洞见。

这次元妃省亲，可谓来也匆匆，去也匆匆。她的归省甚至远不及"刘姥姥进大观园"！因为刘姥姥总算看到了大观园的繁花似锦的真貌，真正享受了一次仙境般的快乐，而元妃只能走马观花地看上一眼，根本就无福无缘在园子里住上一夜。元妃赐名的"大观园"，后经她下谕旨，让众姐妹搬进去居住，即所谓"借大观园以安诸艳"吧。那所谓"三春争及初春景"，倒像是一句反语。但不管怎么说，她的姐妹们还是托了她的福，总算在大观园里度过了几年美好时光。而为元春建造的这座"省亲别墅"的烂漫春天，却从不曾属于过这位性情率真的皇妃。

这次省亲之后，元妃再无出宫的机会，直至死亡。这绝无仅有的"元妃省亲"，给这赫赫百年、业已衰败的荣宁贵族带来的正如秦可卿所言："也不过是瞬息的繁华，一时的快乐。"大观园的豪华奢靡，预示了喜剧即将结束，悲剧必将发生。这应是曹公写第十八回的真意，点而不破，更耐人寻味。《红楼梦》表象写的是爱情悲剧，实则写的是红尘悲剧。元妃在省亲中的泪水和劝嘱，还有后来临终前给家人托梦的嘱别："天伦呵，须要退步抽身早！"这泪水和劝嘱，既是对悲剧的警示，也是对悲剧的拯救。她既便将自己的青春毁灭也无力回天，但留给后人的却是无尽的启迪。这或许就是《红楼梦》一书成为不朽的经典，让人百读不厌、常读常新的魅力所在吧。

从《债务危机》反思债务危机

(2020年10月)

2020年,《中国金融》杂志创刊70年,70年里,中国金融经历了从无到有、从弱变强的过程,取得了巨大成功。目前,全球大多数国家和地区尚处于疫情引发的经济下行中。斯蒂格利茨最近在他的新书《美国真相》发布会上称,"我尤为担心债务问题,许多国家的债务水平难以为继,他们没有能力偿还。这些债务,不管是公共债务还是私人债务,都需要重组。债务重组要针对最贫困的国家,其中很多都是新兴市场国家,如果我们不这样做,我们会陷入全球金融危机。"因此,在通往下一个10年、20年、70年的今天,思考一下全球的债务问题非常有必要。

在《美国真相》出版之前,另一本书《债务危机》的出版也曾引起轰动。作者是全球著名的桥水基金创始人瑞·达利欧先生。此书在全球金融界颇具影响,中文版一上市便洛阳纸贵,争相购阅。我女儿为我买了一本,新冠肺炎疫情发生前推荐给我。我简单翻了一下,未来得及深思。疫情发生倒让我有时间静下心来仔仔细细地阅读。算是机缘巧合,近日在书房里偶然又见到此书,我这个学会计出身喜欢咬文嚼字的人就一口气连续几日将它读完了。"人们所受的最深蒙蔽往往源于自己的成见",类似的佳句比比皆是。这本书实证性强,观点值得借鉴,对我们今天思考债务危机有很强的借鉴意义。

债务周期危机不可避免

我们所能做的只是缓解引导周期、平滑危机,把损失降低到最小限度。要改变传统的思维定式,相信市场的力量,相信市场的自我修复功能，相信市场对消费者的教育最管用。政府的调控是重要的，但必须以间接的方式适应市场的要求，反之，力度越大副作用越大。制度优势是重要的，但不宜夸大，运用不当也会走向反面。本书作者对历史上正反两方面的经验和教训的总结，为我们提供了有益的借鉴。我认为，《债务危机》一书最大的亮点是对两次世界大战前后西方主要发达国家典型债务大周期进行了深入的实证研究。所研究的案例各具特色，资料翔实，用事实说话，用理性概括，令人信服。特别是对德国第二次世界大战前后出现的严重债务危机，以及20世纪30年代美国的大萧条，进行了客观分析，对一些"抢救行动"的描述令人惊心动魄、唏嘘不已。本书深刻总结了债务危机的基本特征、化解危机的教训及其积累的经验，同时也揭示了债务危机的不可避免性。我认为，债务危机不可避免并呈周期性特征的根本原因源于人性的弱点。人性的最大弱点是自私贪婪、健忘，"好了伤疤忘了痛"。但这只是一种周期性危机而不是毁灭，这又得益于人性的优点，如智慧和理性，人们在灾难面前易于达成共识，共担风险，共化危机，共渡难关。

要建立灵敏的预警机制

要把中央银行和监管部门的宏观预警与微观上债权人和债务人的预警结合起来，特别是在科技飞速发展，云计算、大数据等新技术的支持下，这样的预警会比历史上任何时期都做得更精准、更及时。20世纪80年代以来，中国的债务危机也多次不同程度地发生，但同书上介绍的西方案例有所不同。西方的债务危机是在成熟自由市场机制下发生的，我国的债务危机是在体制转型或政府主导的社会主义市场经济初级阶段发生的，其损失主要由政府埋单，并未造成大的社会动荡。如我曾工作过的国有商业银行，股改前的不良资产比例已超过50%，很大一部分贷款企业不能偿还到期债务，最后只好通过资产剥离和核销呆账处理。即使市场经济发展到今天，我们仍然难以找到按市场机制解决危机的稳妥方案。这既体现了体制优势——维护了社会稳定，同时也说明我们在推进法治市场经济建设和市场效率方面还有较远的路要走。

化解债务危机应注意把握的几个问题

当大型债务周期运行到顶部，即泡沫即将破灭时，货币政策和财政政策要紧密配合努力稀释化解，防止出现"硬着陆"。本次为应对疫情冲击，西方各国都采取了宽松政策。同时，也要准备好泡沫破灭后萧条时期的应对政策工具。一是要严防债务货币化，严控信用创造。债务货币化可以不动一枪一炮就均了贫富，但后遗症太大不可取。二是要温和去杠杆，不可操之过急，注意区别对待，有的企业或行业杠杆低了难以进行或没有效率。国际经验证明，采取通缩性去杠杆办法来化解债务危机不可取。应认真吸取IMF救助亚洲金融危机和欧盟救助希腊债务危机的失败教训。要坚持名义利率不可高于名义增长率、债务增速不可快于收入增长的基本原则。三是严防信贷资金变相进入股市。四是对金融创新实行严监管。金融创新一旦被滥用，容易酿成系统性风险，美国的次贷危机是最好的证明。五是引导信贷进入实体真正创造价值。斯蒂格利茨在书中强调，疫情控制不了就谈不上恢复经济。"控制疫情是第一位的，而这方面美国做得尤其不好。"他说，"美国经济复苏需要辅之以大规模的经济刺激措施，因为其经济停摆时间较其他国家和地区更长，经济刺激规模需要比2008年金融危机时更大。"一组新数据，说明了中国金融业服务实体经济的成果可圈可点。根据银保监会最新数据，自2020年1月20日至9月14日，银行业金融机构积极对接疫情防控企业融资需求，信贷支持突破48660亿元。其中，支持医药销售、医药制造和医疗器械生产等相关行业5825.46亿元（政策性银行312.79亿元、国有大型商业银行1222.25亿元、股份制银行2237.83亿元、城商行及民营银行1797.14亿元、农信机构233.33亿元、外资及台资银行22.13亿元）；支持小微企业复工复产，包括受疫情影响的其他行业，如住宿餐饮、批发零售、交通运输、物流仓储、文化旅游、支持医院建设等行业27238.44亿元（国有大型商业银行2992.40亿元、股份制银行6702.14亿元、城商行及民营银行12497.05亿元、农信机构5012.32亿元、外资及台资银行34.53亿元）；个人金融服务3512.94亿元（股份制银行3512.82亿元）；生活物资保障相关行业3972.50亿元（政策性银行526.04亿元、国有大型商业银行1917.84亿元、股份制银行1528.12亿元）。

需要探讨的几个问题

人类自从创建了市场经济，经济周期和债务危机就一直相伴，如影随形。为解决市场经济的周期性危机难题，各种解决方案，各种理论学说，不胜枚举，但至今没有任何一位大师能够解决这个周期性难题。我认为有这样几个问题值得深入探讨。

一是市场自动出清理论失灵了吗？美国次贷危机引发的国际金融危机发生之后，怀疑和否定市场自动出清理论的声音多了起来。事实上，市场自动出清理论的存在为放松金融监管提供了理论依据，同时也为减少政府干预提供了理论支持。当年美联储主席格林斯潘就是市场自动出清理论的坚定信仰者，并全力支持克林顿政府出台了放松金融管治法案。格林斯潘因此也成为家喻户晓的金融大家。次贷危机后，他随之受到理论界的批评和市场的某些非议。市场与政府的关系问题也是《美国真相》一书所讨论的核心命题之一。斯蒂格利茨认为，良好运转的社会需要在市场、政府与民众间取得平衡，而过去40年，美国失去了市场与国家间的平衡，比如，金融市场存在严重剥削，行业寡头垄断等都是政府和市场之间关系失衡的表现。"我们要让市场发挥作用，但是市场有自身的局限性，当市场不能满足人民的需求时，政府就有责任进行干预。"笔者认为，对格林斯潘的批评是可以理解的，但未必是公正的。市场出清理论是经济运行的客观规律，也是自由市场经济的理论基石，不存在失灵问题，只存在得失大小的问题。如政府完全不干预市场，市场靠自我修复功能也可完成自救，只是时间会更长、更残酷，损失也会更大。

为了避免陷入这种"社会达尔文主义"的丛林法则，政府的适当干预是非常必要的。如今看美国和欧洲有很多反托拉斯法律，就是为了控制大公司垄断，创造有利于充分就业和富有竞争效率的市场环境。

二是凯恩斯主义失效了吗？从全球视角看，每当政府对经济运行干预失灵、失效时，一些专家学者便把原因归结于凯恩斯主义的失败。笔者认为，这不仅是不公正的，而且也是不理性的。20世纪30年代之所以产生凯恩斯主义皆为时势所造，并非于象牙塔中产生。凯恩斯的政府干预理论，指导了当时的实践，是成功医治大萧条的一剂良药。凯恩斯主义的核心思想不仅没有过时而且仍然充满活力。再好的理论，一旦运用不当，也会出现偏差，甚至导致灾难。就像"真理只要向前多走一步就可能变成谬误"，凯恩斯理论也有其局限性，并不是包治百病的灵丹妙药，它只能减轻或促使危机尽早结束，不可能根治危机。

三是股东利益至上理论错了吗？股东利益至上，或股东利益最大化的理论，是美国著名经济学家、诺贝尔经济学奖得主米尔顿·弗里德曼于20世纪70年代提出来的。这个观点一提出来便得到广泛认可，并被尊为现代西方公司治理理论的基石。对上市公司而言，股价的高低已成为公司经营唯一的关注指标。同样在20世纪70年代，另一重要的公司治理理论，即委托代理理论开始大行其道。虽然其中主要是探讨利益冲突和道德风险问题，但在实际使用中却产生了异化。因为股东需要代理人来替他去追求价值认可，而股东的价值就体现在股价上升上，所以就出现了高管人员薪酬"天文数字"的现象。在20世纪80年代之前，美国公司CEO与普通员工收入差距不是很大，最高也就十几倍，欧洲的还要小一些。但到了2000年的时候，这种差距已达几百倍了。为此有人把它归结到股东利益至上理论的失败。笔者认为，不是股东利益至上理论错了，而是有效的利益分配与调节机制不配套所导致的。如果没有股东至上和代理人追求自身利益最大化的动力机制，就不会有市场效率和繁荣。但如果不对这种超额分配加以限制和调节，就会加剧社会两极分化，甚至激化矛盾从而引发严重的社会问题。

四是如何把握量化宽松的货币政策度？其只能暂缓危机，不能拯救危机。一般认为德国的中央银行比较独立和理性，但在两次世界大战中照样"失去独立和理性"，滥发纸币，导致恶性通胀。在和平与经济繁荣的条件下，中央银行做到独立和理性易，反之则难。美国次贷危机引发国际金融危机以来，量化宽松的货币政策已成为西方各主要中央银行的首选，这种印钞竞赛的趋势在这次新冠肺炎疫情暴发后正在加剧，其后果堪忧。中央银行"放水",由于利率低,刺激了负债增加,提高了杠杆率。事实上超发的货币并未真正进入实体经济,要么在金融体系自我循环,要么进入股市助推泡沫,要么进入风险投资,要么自己回购股票。可见,量化宽松的货币政策,可以暂时避免经济大萧条,但却干扰了市场配置资源的功能,加速了贫富两极分化。总之,量化宽松的货币政策,只能暂缓危机,不能拯救危机。危机是坏的,它给人们带来不幸,但危机让我们清醒。繁荣与萧条此消彼长的根源,在于人们不断增长的风险管理能力和化危为机能力的提升。

风险共担是勇气更是美德

——读《非对称风险》的启示

（2020年7月）

近期，在参加政协常委会时，我熟悉的一位资深学者向我推荐了《非对称风险》一书。作者是写《黑天鹅》那位名满天下的塔勒布先生。我一口气读完《非对称风险》一书，甚感受益，引发共鸣。塔勒布先生写作风格犀利直率，他的一些观点，我虽不敢完全苟同，但他开放的思维、深邃的洞察，以及大胆探索、敢于批判的精神，确实值得学习，令人敬佩。

读罢此书，我掩卷沉思：人类如今有了大数据云计算就能解决非对称风险吗？作者没做明确的回答，但我的体会是不能。我赞成作者给出的结论，即风险共担。我几十年所从事的工作就是解决非对称风险。如果问我有什么经验体会可言，一句话概括就是"风险共担，互利共赢"。话说来容易做到难，对此《非对称风险》的作者作了全面深刻的阐述，读之受益颇多。我认为，对称是暂时的、相对的，非对称是经常的、绝对的。如何解决非对称风险问题，至少要用好三个工具：一个是直觉，一个是理性，一个是技术。为什么许多成功的投资案例都是凭直觉决策的结果？因为直觉中有经验积累，不能同"撞大运"或赌博画等号。正如尼采所言，有些事情我不了解但未必我无知。理性是在经验基础上契合了科学，克服了人性的某些弱点。保持理性最首要的一点是自觉控制人性的贪婪，努力摒弃零和博弈的丛林观念，使"风险共担"方案趋优。技术只是手段而不是目的。在金融领域应用技术工具，要特别注意发挥好它在风险管理中的辅助功能而不是替代功能。技术是辅助人参与风险共担，其自身不能风险共担。且经济规律是概率规律，没有准确的对称关系，经济学本身就是建立在人的"显性偏好"基础之上的。

人要学会从无字无言处读书才能成为真正的智者，因为任何语言和文字对思想的表达和对客观的描述都是有限的、不全面的，甚至有时还会造成误读或误会。因此，时间可成为伟大的智者，更是伟大的裁判者。俗话说，善恶终有报，时间来裁决。风险共担切忌急功近利，要经得起时间的考验。

作者指出，人一旦有钱了，就会抛弃自己原来在"风险共担"中的责任。我想何止是有了钱，有了权亦如此，甚至有了颜值亦如此。风险共担对政治家来说也尤为重要，现在全球那么多核弹头，一旦失控，背离风险共担机制，其结果是人类共同毁灭。总之，背离风险共担机制，无论是个人还是团体，侥幸取胜是靠不住的，善终也是难的，正应了那句老话：出来混总是要还的。

在如何应对非对称风险问题上，我赞成塔勒布先生的观点，即实行风险共担。下面就如何通过风险共担来应对非对称风险问题，略谈谈我的学习体会。

一、如何在不确定性中试错

人类的科技成果大多都是在试错中产生的，人类的生产生活模式也大多是在试错中存在下来的。人的一生都生长在一个不确定的环境之中，充满着风险和挑战。这种风险是经常的、非对称性的。人类为了解决这种非对称风险，发明了许多对冲风险的工具，如保险机制、法律合约、风险投资、金融产品风险对冲机制等。这些风险化解工具都是按大数据法则开发出来的，需要商业利润的支撑才可持续，给人类带来的福祉是极其有限的。人类面临的风险呈多样性、复杂性、不可预知性，其中，最大的挑战是突发性灾难，还有未曾想过的"黑天鹅"事件的发生。据我观察，工业社会的的风险比农业社会大，信息社会的风险比工业社会大。就是说社会越进步，风险越大，同时管理风险的能力也越强。更重要的是社会越是进步，就越需要风险共担。当今人类已进入了数字化时代，共同生存在一个网络环境下，一但出现系统性灾难，谁也跑不掉。信息社会进化到下一个社会形态是什么样子，可能谁也预料不到。但有一点是可以预料到的，就是充满着更多更大的风险和挑战。为此，人类必须更紧密地团结起来实行风险共担。在风险共担中大胆试错，协同攻关，形成人类命运共同体。

如何在不确定性中试错？这对于解决风险共担问题至关重要。因为试错不仅有风险，而且还需要付出成本。实现有效的风险共担，必须鼓励试错，宽容失败。要创造良好的试错环境，形成一种试错的自由氛围。无论是社会还是企业，当试错成为一种自由时，就会焕发活力，生机勃勃，硕果累累。中国历史上的"文景之治"出现的盛世，就是放松管治、休养生息、自由试错、无为而无不为的成果。当今，改革开放、建立社会主义市场经济取得的伟大成就，也是同样的道理，只是表述不同罢了。

我长期在国有金融企业工作，切身体会到，只要贴近市场，让市场在资源配置中起决定性作用，就能走出困境，焕发生机活力。反之就僵化，甚至资不抵债。我在企业经营管理中，也常讲要敢于创新，勇于试错，宽容失败，但效果总是不尽如人意，究其原因还是产权制度、代理人制度、职业经理人制度改革不彻底、不完善所致。这些问题不解决，企业负责人就放不开手脚，一旦试错失败了，因怕"秋后算账"而心有余悸。要保障试错成为一种自由，就必须创造一个宽松的环境，这种环境必须有制度保证、政策支持和健全的法律。要吸取以往的教训，避免重蹈"一放就活，一活就乱，一乱就收，一收就死"的覆辙。

当试错成为一种自由时，还必须有资本投入的支持。资本的投入机制应是自由的、市场化的。投资的生力军应是民间民营，只有如此才可持续，才能广泛地创造人间奇迹。中国成功的民营企业就是最好的证明，其中的明星科技企业华为就是最成功的范例。试错的投入是必须付出的成本，投入越大，风险越大；风险越大，收益越高。

二、如何达成风险共担的共识

就如何进行风险共担问题，塔勒布先生在他的《非对称风险》一书中进行了多维度的阐述，给出了不同的解决方案。我的体会是，无论多少解决方案，达成风险共担的共识是关键。根据自己长期从事企业经营管理的经验，这种共识至少包含三个方面：一是利益攸关。在经济活动中，非对称风险大多涉及两个以上的利益攸关方，表现形式多样，交易内容大多复杂。为了形成有效的风险共担机制，一般以经济合同形式确立，权利与义务对等，风险与收益对称，受到法律的保护，是一种硬约束，体现的是一种契约精神。既然如此，还会常常出现合同纠纷，或合同诈骗的案件，特别是那些打着创新创业旗号，编造故事包装上市的公司，以及那些打着普惠金融旗号的网贷公司。它们不是在共担风险，而是在转移风险，或制造风险，损人利己，危害社会。看来人性的自私与贪婪是风险共担最难逾越的鸿沟，必须通过法律的强制约束，倒逼契约精神的形成。这是成熟市场经济的稳定基石。二是理念认同。无论是在经济活动中，还是在其他社会活动中，实现风险共担的理念认同是至关重要的。虽然理念认同表现的似乎无影无形，体现的也是一种软约束，但却有潜移默化、柔弱胜刚强之功。它比法律合同的功能更广泛、更实用，这是不须谈判所达成的共识，也是集体安全所形成的默契。三是悲悯情怀。当风险发生后，或对高风险预期的忧虑，既能触发人的恻隐之心，又能呼唤出悲悯情怀。有的可能是一种莫名的感应，有的可能是一种宗教情结。无论是感应还是情结，都是人类在风险灾难面前所特有的悲悯情怀。这是对风险共担的一种自觉和信仰，体现的是一种无私奉献精神。把灵魂投入到风险共担中去，不仅是一种真正的勇敢，更是一种难能可贵的美德。

塔勒布在《非对称风险》一书中，以嬉笑怒骂的方式，对经济学家们进行了无情的鞭挞和弱化。作为国际金融中心的华尔街，在塔勒布笔下几乎成了骗子们炫耀骗技的舞台、非对称风险的高发地。对此我不敢完全苟同。塔勒布的观点犯了"绝对化"的错误。作为有着丰富实践经验的投资大师，塔勒布先生看不上那些在象牙塔里空谈理论的经济学家也是可以理解的，但他以谩骂的口气否定他们在风险共担中的贡献是不对的，这是一种典型的非理性行为。因为我不是经济学家，所以更敢于为经济学家说几句公道话。我长期在经济领域工作，切身感受到经济规划的制定、经济的有效运行,经济学家的作用是不可或缺的。我认为,经济学家的作用是间接的,正因为他们是旁观者、考察者,所以才能一身超脱,才能做到"旁观者清"。我在业余时间喜欢读一些经济学家的书或最新论文,可以说受益匪浅。这种受益主要是拓宽视野、提升境界、增强理性,而不是得到了如何具体操作的方案。这种实际操作方案也不是经济学家的职责。经济学家虽然没有承担风险共担的责任,但他们的经济理论为解决非对称风险贡献了力量,可以说是一种间接的特殊的风险共担,同样是值得尊敬的。至于那些没有切身参与并拒绝"风险共担"只满足于自己设计的"空中楼阁"的经济学家,毕竟是少数。虽然是少数,但也不可低估他们的误导影响。

三、如何在应对非对称风险中增强风险共担的心理素质

"没有风险共担就一事无成,真正的理性在于避免系统性毁灭。"这是塔勒布在《非对称风险》一书中特别强调的一个观点。我多年从事风险管理的实践证明,他的这个观点具有普遍意义。非对称风险只能化解不能消除。其实,我们每天都在同非对称风险博弈,那些对我们威胁不大的非对称风险,大家都自觉不自觉地实行了风险共担。最难实行风险共担的,是那些对自身没有直接关系的突发性、灾难性风险。虽然没有直接关系,但间接影响或危害大多难以避免。用有形的方式来应对此类风险并不难,难的是无形的心理素质的承受能力。心理素质的强弱,无论是同非对称风险博弈,还是进行风险共担,都会起到微妙的甚至是决定性的作用。

首先,人们对风险的恐惧心理具有先天的脆弱性。人是大自然的宠儿,也是大自然的奴隶。在天地间,人虽为万物之灵,但在大自然面前,在浩瀚的宇宙中,不过是一粒微尘,显得那么渺小;在天灾面前,他显得那么可怜无奈。这就造就了人与生俱有的恐惧感和脆弱性。在生产力低下、科技落后的古代,人类为了应对非对称风险,为了进行风险共担,创造出神灵,祈求神灵来保佑平安。随着科技进步和生产力水平的提高,人类应对风险挑战的能力不断增强,承受风险的心理素

质也随之提升。正如塔勒布先生在他的《反脆弱》一书中所言：大自然更喜欢在信息层面，也就是通过遗传密码让游戏继续下去。因此，有机体需要死亡，以确保大自然的反脆弱性——大自然是投机的、无情的、自私的。杀死我的东西却让其他人更强壮。在科技日新月异的今天，我们在地震、海啸等许多天灾面前，仍然无能为力。可见，面对这种情况，只有心理素质的强大才是战胜自然灾害的无价法宝，因为暴风雨总会过去。正如老子所言："飘风不终朝，骤雨不终日。"看的是谁的耐力最强，谁的心理素质最好。其实不只是面对自然风险，即使面对市场风险、职场风险以及其他随机风险，在同等条件下，比的也是心理素质，只有心理素质强大者才是最后的赢家。后天的培养锻炼，可以反先天的脆弱性。塔勒布指出："我们常看到一个令人费解的现象，即给我们带来最大利益的并不是那些试图帮助我们的人，而是那些曾努力伤害我们但最终未能如愿的人。"用中国人的俗语说就是"你的小人往往是你的贵人"。可见，人际关系中的不对称风险也是不可忽视的。总之，在充满非对称风险的逆境环境下，更能培养锻炼一个人坚韧不拔的意志，更能理解风险共担的真谛。

其次，少数精英对风险共担的引领是至关重要的。美国著名学者玛丽特·米德指出："永远不要怀疑一小群有思想的公民会改变世界。实际上，人类历史就是这样写成的。"塔勒布先生认为："革命毫无疑问是由偏执的少数派推动的。整个社会的进步，无论是经济上还是道德层面上，都源于一小部分人的推动。"我对这方面没有研究，但我尊重以上两位学者的研究成果。从我的工作经历和读史的经历中也深切感受到这一点。我长期在企业工作，深感领导团队的强弱决定企业的兴衰，一把手的强弱决定班子的强弱，引进人才比引进资本重要。记得亚历山大大帝曾经说过：一头狮子带领的一群羊比一只羊带领一群狮子的战斗力强得多。用中国古老的话来说就是：强将手下无弱兵，将帅无能累死三军。一支由雄狮率领的队伍将是怎样的强大阵容。我认为，少数精英的核心价值就是他们有非凡的心理素质，其突出表现是勇敢、坚韧、智慧。只要他们举起旗帜就会有大批追随者，中外历史上的无数案例证明了这一点。每当重大风险事件发生时，只要这些人站出来，就能组织更多的人加入到风险共担中来。这些少数精英心理素质的力量会影响带动更多人的心理强大起来，产生一种抗风险的乘数效应。可见，尊重和提升少数精英的价值是重要的。

不对称是非线性的，非线性的事件分布是无法直接准确测定的，它带来的弊远大于利，它带来的风险远大于收益。对于一个人来说，这种非线性不对称风险与生俱有，如影随形，相伴终生。我们唯一能做的就是遵循风险管理的大数法则，始终秉持这个理念，即一人为众，众人为一；我为人人，人人为我。通过风险共担来努力减少风险非线性的不对称，使我们的生存环境更安全，发展更有保障，生活更加美好。

在林间诗意栖居

——读海德格尔《林中路》的凝思

（2021年2月）

前不久，我的一位搞哲学研究的老朋友向我推荐德国著名哲学家、存在主义创始人海德格尔的著作——《林中路》，并说他的著作特别晦涩难懂，只有这本书还比较好读。于是我很快就网购到手读起来。看书名像一本散文集的名字，觉得读起来会很轻松，但一读起来就有后悔之感，且越读越皱眉头，真的好难啃。这与我年轻时读些黑格尔、康德、尼采的书有同样的"痛苦"之感。好在是好奇心和求知欲让我读完全书并跟随作者进行了一番凝神思索。最终还是开卷有益，填补了我对西方哲学认知上的一些空白点。现将体会归纳如下并与朋友分享，希冀能有利于各位得到不同的启示。

《林中路》是现代西方哲学思想的一部经典著作。全书围绕"存在之真理"问题，对艺术和诗的本质进行了哲学思辨。存在主义以人为中心，尊重人的个性和自由。作者认为，人在无意义的宇宙中生活，人的存在本身也没有意义，但人可以在存在的基础上自我造就，活得精彩。一个人如果活得太压抑，甚至终日惶惶然，这样的存在还有什么意义？中国老一代哲学家梁漱溟先生有一句名言："人生无目的但应有意义。"看来两位东西方哲人的思考可谓异曲同工。

一、艺术的力量

过去我一直认为，艺术的力量用一句话概括，就是感染人、教化人。看了《林中路》方知过去的思考还是浅层的，未进入哲思的境界。海德格尔认为："艺术的本质或许就是存在者的真理自行设置入作品。

可是迄今为止,人们都一直认为艺术是与美的东西或美有关,而与真理毫不相干,把真理归于逻辑,而把美留给了美学。"作者还举了例子,如梵·高的画、希腊神庙等。在这些艺术品中,真理就在其中了。为什么?作者认为:"因物性的根基已蕴含在艺术作品中,艺术作品以自己的方式开启存在者之存在。在作品中发生着这样一种开启,也即解蔽,也就是存在者之真理。在艺术作品中,存在者之真理自行设置入作品中了。"

我对作者这段话的初步理解是:作品的题材不是凭空而来的,大理石可作为雕塑艺术的质料,因为大理石本身就是构成大理石的客观真理物化的存在。所以大理石成为艺术品的同时,真理也就自行置入其中了。也如作者进一步指出的那样:"真理把自身设立在作品中。真理唯独作为在世界与大地的对抗中的澄明与遮蔽之间的争执而现身。真理作为这种世界与大地的争执被置入作品中。"想起多年前在意大利佛罗伦萨街头看到那些栩栩如生的石雕和法国卢浮宫里的艺术珍品,细细品味还真给人以一种真理的关照,乃至心灵的震撼。这就是伟大艺术品所展示的真理的力量。正如爱因斯坦的名言,知识是有限的,而艺术开拓的想象力是无限的。也如尼采之名言,艺术乃是生命的最大兴奋剂。

二、诗的独特魅力

海德格尔在本书中用大量篇幅来谈诗的意义、谈"诗人何为"。他认为,在艺术作品中,真理乃是通过诗意创造而发生的。凡艺术都是让存在者本身之真理到达而发生;一切艺术本质上也都是诗。刚接触这个观点时感到惊奇,甚至有些不适应,但仔细揣摩后,觉得很深刻。诗从表象看是言情、言志的,但使你感动的背后蕴含着深刻的哲理。任何语言艺术最终都是用语言文字来表达的,上升到诗意的语言文字也就涵盖了一切艺术的精髓,并闪现出理性之光。海德格尔认为,"诗并非对任意什么东西的异想天开的虚构,并非对非现实领域的单纯表象和幻想的悠荡飘浮"。如果说一切艺术本质上也都是诗,那么,建筑艺术、绘画艺术、音乐艺术都归结为诗了吗?这样理解显然也是不对的。他认为,

"诗歌仅只是真理之澄明着筹划的一种方式,也即是宽泛意义上的诗意创造的一种方式"。"艺术的本质是诗,而诗的本质是真理之创建。"作者对诗的独特性进行了深入的哲学思辨,充分论证了诗在艺术中的独特地位,以及对修身之妙用。孔子《论语·为政篇》:"诗三百,一言以蔽之曰:思无邪。"中国是诗的国度,几千年来,文人士大夫的修身及其家国情怀都是通过诗来表达并得到诗的浸润。这同作者提出的"诗意栖居"有异曲同工之妙。这就是诗的特有魅力。有人说哲学的尽头是诗,因为诗展示的是美,美是存在者整体秩序的和谐统一。唯美就是追求绝对真理。宗教的终极关怀叫天堂、彼岸,哲学的终极关怀为真善美。存在显现出什么样的存在者,完全在自己的选择、筹划和创造。让我们执著地选择美、创造美、拥抱美吧!

三、尼采"超人"论的警示

海德格尔在书中用大量篇幅评述尼采的"上帝死了"这句话。他认为,尼采把虚无主义的解释综括在一个短句中:"上帝死了!"尼采这句话说的是两千年以来西方历史的命运,也是对上帝统治不满的呐喊。我认为主要是中世纪漫长的宗教压迫,给人们思想带来的禁锢和社会停滞。尼采关于上帝之死的话指的是基督教的上帝。海德格尔认为,上帝乃是理念和理想领域的名称。自晚期希腊和基督教对柏拉图哲学解释以来,这一超感性领域就被当作真实的和真正现实的世界了。感性世界是尘世的、易变的,是苦海,不同于彼岸世界的永恒极乐的天国。我认为,尼采的观点是对形而上学的反动,也是对柏拉图主义的反动,这使他彻底坠入虚无主义的泥潭,直至后来精神分裂,彻底疯了。尼采为了填补"上帝死了"的空白,提出了"超人"理论,主张强力意志,重估一切价值。海德格尔认为,尼采的"超人"论是对存在者统治从上帝转到人那里了。似乎尼采用人取代了上帝。但终归人是不能取代上帝的位置的,因为人的本质达不到上帝的本质。我非常赞成海德格尔这一评述。经过宗教改革,欧洲终于结束了教会统治的黑暗时代,从此基督教也获得了新生。德国著名哲学家韦伯在他的《新教伦理与资本主义精神》一书中对新教伦理如何促就资本主义精神做了令人信服的论证。可见，没有形而上的新教伦理，就很难产生现代西方资本主义。尼采的"超人"论，并未得到欧洲的广泛响应，上帝不但未死，反而活得不错。尼采"超人"论最后演化为唯意志论，对欧洲哲学理论的负面影响也不小。如希特勒纳粹政权就利用过这个理论来武装纳粹党人的头脑。像海德格尔这样有影响力的大哲学家也受其影响，加入了纳粹党并担任大学校长，这是他一生中的不幸，也是被后人诟病的地方。

四、怀疑有益于进化

在哲人看来，这个世界的问题在于聪明人充满疑惑，而傻子们却坚信不疑。海德格尔在评述黑格尔的"经验概念"时说："思想家本身就是怀疑者，他们由于那种进入存在的怀疑来怀疑存在者。"他认为，怀疑就是决心不依赖于他人的权威，而是亲身根据这个特殊主体心智去检验一切事物。他还指出，要有敢于怀疑的勇气，特别是在思想贫瘠的时代，不能靠周围的浅薄与无知给你灵感和感动，只有靠自己的思想。我非常赞赏海德格尔这种怀疑精神。我认为，怀疑是一种科学精神，科学的进步往往在于"怀疑之怀疑"的推动。我们说"实践是检验真理的唯一标准"，其实就是勇于怀疑，不迷信权威，不固守本本教条，这也是中国改革开放走上复兴之路的成功经验。反面的教训是历史上的"罢黜百家，独尊儒术"，使国人失去了怀疑精神，不断在"周期律"里恶性循环。这正是中国自汉以降两千多年封建专制造成的社会结构超稳定，甚至停滞不前的重要原因。看来人类只有不断怀疑，才会进化，人类一旦失去怀疑，肯定退化。海德格尔用"林中路"作书名，寓意深刻，林中本多路、多歧路、易迷路。若走好路、不迷路，没有怀疑思辨的精神能行吗？

我们之所以要敢于怀疑，是因为人生充满变数，具有很多不确定性，即"天有不测风云，人有旦夕祸福"。中国哲学的源头是《易经》，通篇讲的是宇宙和人生的变化规律，阐释了唯有变化才是不变的客观真理。在充满变数的人生中，如何进行选择，既艰难又不确定。选择的方

式可以多种多样，归纳起来基本是三种类型：其一是随机选择。此种选择不预设立场，没有特定对象，既有理性也凭运气。其二是比较选择。人生面临众多选择，只要做出一种选择，就必须放弃另一种选择的机会，可谓人生之机会成本选择，择其低者为佳。对此，有人释然，有人纠结始终。其三是探索选择。这种选择是向未知领域求索，走前人未走过的路。此种选择如风险投资，一旦成功，价值翻倍。

以上三种选择无所谓优劣，只因每个人的偏好而定。人生在充满变数的同时，又皆有定数，且不以人的意志为转移。风云变幻，盈虚有数，吉、凶、悔、吝，皆因每个人的修为把握而定。大贵之人苦难亦多，大富之人风险亦大；乐极之后必生悲凉，苦极之后方有真甜。人生不怕被意外事件击倒，只要能爬起来，就更显人生精彩。人生一旦富有诗意，便是人生真风雅、自风流。

五、海德格尔的"诗意栖居"

海德格尔的理想人生就是"诗意栖居"。他长期居住在乡间木屋，漫步林中，思索人生，践行"诗意栖居"。我认为，海德格尔的"诗意栖居"，指的是一种创造，并不是让每个人都成为诗人，或让每个人都像诗人那样生活。"诗意栖居"不是一般意义上的创造，而是创造一种合适的人生状态、理想的人生境界。我们喜欢作诗的人都有体会，为了寻觅一个佳句，追求一种意境，可以说是绞尽脑汁，搜索枯肠，甚至彻夜难眠。正如唐代著名诗人贾岛所言："两句三年得，一吟泪双流。"三年才得到两个满意的佳句，不禁喜泪长流。这是怎样的创造精神，又是何等感人的"诗意栖居"！人生一旦进入了一种有意义的合适状态，有明确的信仰追求，就会自由绽放自己的才华，再苦再累也在所不辞。享受这种奋斗得来的成果，才是人生的真快乐、真幸福。

"诗意栖居"不是感性的随意浪漫。因为人生不如意事总是如影随形，需要理性的思辨和自我反省矫正。世界上的事不都是一因一果，而更多的是一因多果。我们能做到的是"因"上努力，"果"上随缘。只要努力了，就会没有或少有遗憾。过程用心，结果随缘，随缘了才能圆。在这个世界上，其实你不能选择最好的，你只有不断地努力付出，等最好的来选择你。在这个世界上功利不可无，刻意自寻苦，欲速则不达。在这个世界上，最可怕的不是外面的恶魔，而是自己的心魔，能战胜心魔者是真正强者，真心英雄。在这个世界上没有友爱就没有真正的"诗意栖居"。有朋常欢，有爱常暖。

最后，引用海德格尔的一句话作为结束语："人类正在征服地球和大气层，而思想必须在存在之谜上去作诗。"

（附美国著名诗人罗伯特的一首哲理诗）

林中路
——罗伯特·弗罗斯特

黄色的树林里分出两条路
可惜我不能同时去涉足
我在那路口久久伫立
我向着一条路极目望去
直到它消失在丛林深处
但我却选了另外一条路
它荒草萋萋，十分幽寂
显得更诱人、更美丽
虽然在这两条小路上
都很少留下旅人的足迹
虽然那天清晨落叶满地
两条路都未经脚印污染
呵，留下一条路等改日再见
但我知道路径延绵无尽
恐怕我难以再回返
也许多少年后在某个地方
我将轻声叹息把往事回顾
一片树林里分出两条路
而我选了人迹更少的一条
从此决定了我一生的道路

开言实录篇

加快金融产品创新
不断完善客户服务体系[①]

（2002年5月18日）

非常高兴在这次金融创新论坛上，与来自全球的同仁一起探讨国际金融领域的重大问题，共同展望世界银行业的未来。在这里，我想就金融产品创新和完善客户服务体系谈一些自己的看法。

一、商业银行面临的是加速变化的市场环境和客户需求

加入WTO，中国的经济金融形势将发生历史性的变化，由此带来的投资理念、消费倾向乃至市场规则的变化，或早或迟会给商业银行的市场环境和客户需求带来新的变化，而且这种变化比以往任何时候都更快。

在这个大环境下，金融同业的竞争将更趋激烈。而在这一轮竞争中能够获胜的，无疑将是适应环境和最大限度满足客户需求的企业。所以，产品和服务的创新将更加活跃，并成为核心竞争力的重要方面。

业已出现和日见端倪的种种迹象，使我们可以预见，社会对银行服务的需求会出现以下变化：个人客户的服务需求更趋丰富并出现分化。内容上要求产品和服务多元化；方式上追求更加便捷、舒适、安全；高收入阶层与中低收入者的需求逐渐分化，"二八"规律越来越明显。公司和机构客户随着管理的需要，同样对银行服务提出多样化要求。如自身经营范围和地域的扩大对银行的实时汇兑、账户管理、代收代付等业务需求增加，对资金更加精细的管理要求提供公司理财服务等。而且，

[①] 在"金融家峰会"上的演讲，根据录音整理。

越来越多的客户希望银行提供的产品和服务具有个性化和针对性。

作为长期从事银行工作的一员，耳闻目睹近20年中国金融业和世界金融业发生的巨大变迁。我深深感到，加速变化的市场需求和客户需求，既为商业银行的产品创新和业务发展带来了压力和挑战，同时又带来了新的机遇和动力。能否尽快实现传统商业银行向现代商业银行的转轨，最关键的一条，就是产品和服务能否创新。

二、加快建立市场导向型的商业银行服务体系

现代商业银行经营的首要目标是客户价值最大化，要在客户满意的前提下获得利润。这也为产品和服务的创新确定了方向。在传统体制下，农业银行形成的是以产品为中心的组织体系和业务流程，已经不能适应现代经济发展的需要。因此，当务之急，是在改革产权制度的同时，加快建立"以客户为中心"的市场导向型商业银行服务体系。

建立市场导向型商业银行必须相应调整内部组织架构。在横向上，按照充分服务客户的原则调整内设机构，分设客户部门，增大银行对客户的接触面和亲和力；在纵向上，减少经营层级，缩短管理链条，建立扁平化的组织体系。最终目的，是提高系统内部的联动性与协调性，提高面向市场的快速反应能力和适应能力，提高我行对客户的综合营销和服务能力。

不断巩固和提升个人业务市场的相对优势地位一直是我行努力的方向。在个人业务方面，重点建设个人存款、个人贷款、银行卡、私人理财四大业务体系。围绕个人综合账户，以金穗卡为纽带，运用先进电子设备和手段，依托网点网络优势，为客户提供一揽子服务，逐步实现服务对象分层化、业务产品多元化、服务方式网络化、主体市场城镇化，重点开发高价值客户服务体系，使个人业务成为我行未来发展的潜在战略市场。

公司客户业务是目前我行的主体业务。为加强对集团性客户的系统服务，近期我行出台了一系列措施，并计划以信贷业务为龙头，根据客户业务发展、内部管理和风险控制的需要，为其筹资、投资、分配和发

展决策提供全方位、多功能服务。同时，积极创新对高科技企业和中小企业的服务方式。密切跟踪高新技术产业的发展变化，建立针对高科技企业的评价标准体系和服务体系。对各类中小企业实行分类管理、择优扶持，完善适合中小企业的风险评价、授信管理及有特色的服务体系，提高政策、金融服务和业务监控的专业化水平。

既竞争又合作是市场经济的辩证统一。我们一直重视按照优势互补、资源共享和互惠互利的原则，与同业建立战略联盟关系。目前，我行已与花旗银行、汇丰银行、瑞士银行等300多家外资银行建立合作关系。利用我行网点优势和系统优势，与证券公司全面开展资金清算、融资、电子商务等领域的合作。紧紧把握银行与保险、证券联系越来越密切的发展趋势，依托主体业务，开展银证合作、银保合作，增加中间业务品种非利息收入。此外，还要通过国际国内结算、清算、融资、营销等业务加强与中小银行和信用社合作。

同时，充分利用先进结算工具和资金汇划手段，为行政事业单位提供存款、贷款、结算、系统账户管理、代收代付以及客户需要的其他业务。

通过完善这些服务手段，健全客户服务体系，不断满足各类客户日益增加的各种银行服务需求。

三、按照市场和客户需要不断创新产品和服务

创新是一个民族进步的灵魂，也是一家企业保持常胜不衰的永续动力。长期的银行工作实践和在实践中的思考，使我们切身感受到，现代商业银行的竞争归根到底是产品和服务的竞争。加快产品创新、不断完善服务体系是商业银行的生存法宝。因此，我行的新产品开发将着力解决以下问题：

（一）从提高我行在资本市场和保险市场上的整体竞争力出发，着力开发与资本市场相关联的新产品。包括开放式基金代理销售、开发和推广"银证通"；同时研究并开发即将诞生的B股基金、中外合作基金、产业基金、私募基金等托管系统，为客户提供超前服务。

（二）适应市场需求，把法人和机构客户的综合服务产品开发作为突破口，不断拓展批发业务。

（三）从我行发展个人银行业务的有利条件出发，把完善和创新借记卡功能作为开发重点。

近期重点做好以下工作：

一是整合现有产品，发挥综合效应，提升产品的功能和竞争力。包括整合金穗借记卡、构建"金钥匙"个人综合理财账户、整合代收代付类中间业务产品和支付结算产品等。

二是围绕高价值客户，把个人银行产品创新作为突破口，抓好新产品的开发推广。重点开发推广代理证券市场、代理保险市场业务新产品和外汇业务新产品。

三是抓好公司和机构客户的产品创新。特别是以电子汇兑、实时汇兑、网内联行为主要内容的集团性、系统性客户资金汇划产品和账户查询产品。

四、快速提高技术进步推动产品和服务创新的能力

（一）实现电子化建设的跨越式发展。建设全国集中式计算机网络系统和数据中心，实现有效营业网点的集中联网、客户基本信息的集中管理和会计核算的集中处理，把网点优势转化为网络优势。完善新一代综合应用系统，促进业务处理、经营管理、客户服务系统的整合和统一。利用互联网技术开发多元化服务产品，推进网上银行业务发展和虚拟金融产品创新，有效地拓展B2B和B2C业务，提高非柜台业务的服务水平。

（二）再造业务流程。银行经营与服务的同质性和易模仿性，使银行之间的差别在很大程度上取决于各自的业务流程。在这个意义上讲，构筑竞争优势的关键因素在于业务流程。按照既方便客户，又便于内部决策和核算的原则，运用先进的IT技术，整合现有业务和产品流程，分立银行卡公司，逐步外包附属业务，突出核心业务的竞争优势。

（三）通过电子银行体系的建设推动虚拟银行业务发展。进一步加

快传统银行业务电子化创新步伐，大力开发推广网上银行、自助银行、电话银行等新型业务，拓展新型服务方式，促进虚拟金融服务产品的创新，实现"3A"服务。

（四）完善网络化的市场营销系统。在柜台和虚拟银行的基础上，逐步使客户服务中心成为所有分销渠道的集成点，形成全方位、跨时空、多渠道的营销体系，不断促进金融产品和服务渠道的创新。尽快在技术层面建立客户关系管理系统，完善以客户关系为基础的营销新模式。目前要加强对市场客户的信息沟通，与有价值的客户建立长期的合作关系，了解客户现实的和潜在的金融需求，积极推介我行产品，同时根据各类客户的需求不断研发、推广新产品，促进对客户的开发和服务。

朋友们！在未来20年内，中国将是全球增长速度最快的金融市场之一，商机处处，大有可为，让我们携起手来，共享不断发展的中国金融市场，在竞争与合作中实现双赢！

谢谢大家！

当前农村金融发展中的几个问题[①]

（2003年12月27日）

各位嘉宾、同学们、老师们：

大家好！首先，感谢厉以宁院长邀请我来参加此次论坛。来之前我确实没有准备在本次论谈上作发言，主要是来听讲取经的。因为今天论坛的主题和我所从事的工作联系太密切了，加之北大又是我们国家的重要思想库，光华管理学院已成为中国培养企业家的摇篮，所以接到邀请，就急切地想到这里来寻求一点灵感，一早提前40分钟就到了。见到厉以宁教授以后，他说既然你来了，还是要讲一点农村金融问题。我只好"从命"，临时抱佛脚了。好在前面几位专家学者讲得很精彩，听了很受启发，也促进了我的思考。现在做一个即兴微型发言，谈谈我对农村金融的体会。

应当说，当前农村金融问题也是一个热点问题，特别是在党中央、国务院高度重视"三农"的情况下，这个问题也提上了重要的改革日程。中国是个农业大国，改革开放以来，"三农"领域发生了历史性的变化。"三农"对金融服务的要求越来越高，需求越来越旺，正在呼唤建立一个健全高效的农村金融体系。

一、目前农村金融体系主要由三部分构成

第一是商业金融，以中国农业银行为主体；第二是政策性金融，

[①] 在第六届北大光华管理学院新年论坛上的讲演，根据录音整理。

以中国农业发展银行为主体；第三是合作金融，以农村信用合作（社）组织为主体。农村信用社虽是单个法人，但已形成分层次的信用联社系统。在1995年以前，说农村金融系统就等同于农业银行系统。那个时期每年农业银行的全国分行行长峰会的会标都写得是"农村金融工作会议"，因为那时农村信用社归农业银行管理，是隶属于农业银行的基层机构。那时农业发展银行还没有成立，直至1995年后才开始从农业银行分出4万多人，划分出政策性业务，成立了农业发展银行。到了1996年，中央决定农村信用社全面脱离农业银行的管理，当时全国信用社有5万多家，从业者80多万人。虽然农业银行代理中央银行的职能管理农村信用社有几十年的历史，但事实上农村信用社已成为农业银行直接管理的基层机构。农业银行"一分一脱"后，还有近60万人，是全球员工队伍最大的商业银行。总之，通过对农业银行的"裂变式"改革，初步形成了由商业性金融、政策性金融、合作性金融组成的新型农村金融体系。

二、新型农村金融体系的主要分工

农业银行主要干以下几件大事：一是支持农业产业化的经营；二是支持农村小城镇建设；三是搞好农村信贷扶贫。有了信贷扶贫说明农业银行的经营不完全是商业性的，也有特殊的政策性金融业务，不同的是这种政策性业务是以商业化方式运作的。政策性金融之所以不由政策性银行全面办理，是因为粮食流通体制改革的需要。为了保证政策性银行收购资金的封闭运行，1998年，国务院决定把扶贫这部分政策性业务从农业发展银行划回农业银行。农村信用社起初是合作性金融组织，但现在事实上已变成竞争性的金融企业，同农业银行已是竞争合作关系。

三、当前农村金融存在的主要问题

一是贷款难，二是难贷款，三是"农转非"。贷款难从银行的角度看，主要难在两个问题上，一是授信主体担保难，二是授信主体缺乏自有资本，很难达到贷款规定的比例。正是这个原因，导致银行或信用社难贷款，即找不到更多符合贷款条件的客户。有人说我们"嫌贫爱富"，看来想不"嫌贫爱富"也难。"一脱一分"后，农业银行对农民的贷款逐年减少，农户的贷款主要由农村信用社承担，农村信用社现在包袱也很大，需要中央银行的再贷款支持。中央农村工作会议的文件把信用社定位为农村金融的生力军，农户贷款主要靠信用社解决，信用社采取五户联保的方式。即使这样，贷款难的问题还远未解决，农村的一些中小企业贷款就更难了。农业银行在支持乡镇企业过程中付出了很大的代价。20世纪80年代，大办乡镇企业时，曾经有过"村村点火、户户冒烟"的景象。如今在产业结构调整升级的情况下，一批低水平的乡镇企业倒闭了，好多企业的资产没有任何处理价值。这些不良资产，与工商银行有借贷关系的可以处理回收百分之二三十，而与农业银行有借贷关系的回收百分之五六都很困难。因为许多贷款抵押的土地都没有什么变现的价值，大多在偏远地区，级差地租特别明显。在这种情况下，农业银行等于承担了许多政府和社会的责任。"农转非"，即农村资金转向城市或其他非农领域，其实并不值得大惊小怪，它是商业化改革的一个必然结果。因为既然把利润作为金融企业追求的目标，所以资金就会脱离这些弱势产业，向效益比较高的地区或领域流动。特别是那些经济欠发达地区，银行和信用社的经营困难很大，亏损、挂账很多，主要是缺乏良好的客户资源，倒逼了农村资金"农转非"。好多乡镇企业，好多农户，好多种养业，农业银行作为商业性经营考察时不敢进入，主要是不可持续，进入以后我们觉得很难走出来。这已不是个理论问题，而是现实中的操作难题。如果坚持商业化的经营原则，又没有政府的优惠政策支持，那么农户和小微企业贷款难、银行和信用社难贷款的问题就难以缓解或无法破解。如我开始所说，我今天来这里是想寻找一些解决问题的灵感。北大毕竟是我们国家重要的思想库，光华学院是企业家的摇篮，我在这里有意提出这个问题，请大家关注，共同来研讨破解这一难题。

四、解决问题的对策探讨

上面提到，为什么农村资金出现了"农转非"？这是商业化改革必然的结果，要解决这个问题，从大的方面看必须抓住几点，一是解决政策性障碍。二是解决体制性障碍。首先，必须理顺现有的农村的金融体系，重新构筑一个适应农村经济发展的体系。要深化农业银行的改革，要把农业银行真正办成服务"三农"连接城乡的商业金融机构。要重新给农业发展银行定位，使其真正办成政策性的金融，而不是单一的农副产品收购的政策性银行。农业银行所有的政策性业务造成的不良资产要全部剥离，使其减轻负担，轻装上阵，加快改革。其次，今后农行停办所有政策性的金融业务，原有的交由政策性银行承办，或为政策性银行作代理。三是成立农村政策性保险公司，开发小额信用保险品种，疏通贷款难的渠道。政策性的保险公司不只是对农作物的承保和理赔，更重要的是起到融通资金、化解风险的杠杆作用，同时也可以促进引导商业金融，或其他各方面的资金流向农村、流向农业、流向农民。现在，农村的信用保险没有人过问，商业性保险公司基本不做。我们农业银行是各家保险公司的最大代理行，业务基本是在城乡接合处，没有代理过政策性保险业务。农村保险问题解决得好，有利于各类资金安全流动。还有保单质押贷款就可以缓解贷款难、难贷款的问题。同时农民如果交不起保费可以给予一定的小额贷款支持，这样就可以形成一个良性的循环。四是需要财政政策和货币政策的支持。目前，财政政策对所有的金融业务，包括营业税收、所得税，各家商业银行都一样，没有区别对待。我的建议是，凡是用于"三农"的业务，只要在账务上认定就可以免去营业税、减轻所得税。另一方面要实行一些更为鼓励性的货币政策，比如说凡是支持"三农"的资金中央银行的再贷款给予全额匹配或者半额匹配，同时给予低利率的优惠，使各家金融机构愿意往这方面投入，刺激和激活融通，调动各方支持"三农"的积极性，促成服务"三农"的内生动力。五是要深化农村信用社改革。现在的农村信用社是20世纪50年代计划经济条件下政府主导的产物，不具有市场经济所要求的合作性质，应将其逐步改革为市场主导的自担风险、自负盈亏的商业金融机构。在市场经济活跃、民间借贷活跃的地区可以鼓励农民建立真正的新型农村合作金融组织，即自愿入股、资金互助、一人一票、民主管理，不以营利为目的。这种民间自发的信用合作，既可以同高利贷作斗争，也可以向政府争取优惠政策。

因为时间关系不再展开。总之，我作为商业银行的行长，以上是我的切身体会。解决农村金融问题，如果不通过市场机制，只靠政府的号召或发几个文件是不行的。真正的商业性金融机构追求利润是它的天职，否则就难以生存和发展下去。今年，我们农业银行的经营利润可以达到180亿元以上。这180亿元中60%是来自三个发达地区：一是珠江三角洲地区，二是长江三角洲地区，三是环渤海地区。像东北地区、西北地区亏损还是比较严重的。这些问题如不能得到有效解决，农业银行的竞争力就会下降，未来的股改也难以进行。解决这些问题必须统筹考虑农村金融体系的重新构筑，必须坚持市场导向，深化改革，创新体制机制。以上是我谈的一点体会，也是抛砖引玉，不当之处请批评指正。

谢谢大家！

贯彻落实案件问责制度 努力实现有效风险控制[1]

(2010年4月8日)

这次监管者与被监管者坐在一起能够寻求一种共同的语言,并不是一件很容易的事,特别是对一个问题的共识,因为监管者与被监管者之间存在博弈。大家对案件问责制度都很重视,因为这是涉及责任追究的事情,责任追究针对的主体是人,"人事无小事"。比如说,我们在座的很多人都是部门总经理,在公司是中层干部,从大学毕业到法人单位做到这种层级,起码要十年左右的时间。如果在而立之年以后,突然因为一件事情,在风险控制当中犯了错误,被责任追究,就不是小事,不仅是自己的事,还是家庭的事、亲戚朋友的事。甚至有的因为道德风险触犯了刑律,就更严重了。从这个最简单的例子可以看出问责制度的重要性、必要性。我们必须清楚应该干什么、不应该干什么;必须清楚,如果干了不应该的事情,会受到哪些责任追究;我们要掌握标准,掌握尺度。参加这次培训的既是追究者,又是被追究者。我们这次《保险机构案件责任追究指导意见》(以下简称《指导意见》)的特点是全覆盖,我们监管不到位也有责任,也要追究。

怎么处理好监管者、被监管者这对矛盾?针对今天培训班的主题,我想主要是实现有效的风险控制。如果在这个问题上达成共识,取得了共同的成果,就达到了矛盾的对立统一。大家都在管理风险,可以有博弈,但是目标、目的是一致的,就是形成有效的风险控制。怎么来看有效的风险控制?为了便于理解,可以列一个公式来说明:

---

[1] 在"保险机构案件责任追究制度培训班"上的讲演,根据录音整理。

有效的风险控制=制度制约+机器制约+文化制约

一、制度制约的内涵

对于这次全球金融危机，特别是华尔街的金融海啸对全球的波及和影响，大家都在反思，其中一个问题就是制度制约方面，美国的监管制度出了问题。大家对此看法不一致，在北京也召开了很多国际研讨会，请来了美国的监管专家和华尔街上的首席执行官。我也看了很多相关的资料，其中一些观点我并不赞成，因为"不识庐山真面目，只缘身在此山中"，把所有的问题集中在"顺周期监管还是逆周期监管"上比较狭窄。金融危机的深层次矛盾，不是几句话能说清楚的，但是有一点大家已经达成共识：监管缺失是酿成这次金融风暴的重要原因，但不是根本原因。

制度安排的内涵是什么呢？我们所说的制度制约，首先包括良好的体制，即良好的制度安排。从市场实践来看，出现问题的公司，根源都是体制设计上有问题。例如，新华人寿的体制设计有问题，现在已被重组；有的公司问题也很大，目前正在研究重组；还有一些小公司，比如刚刚重组的瑞福德，违规经营严重，道德风险盛行。对于那些直接违法违规者，我们不用依靠问责制度去追责，按照现有的法律法规就可以直接追究责任了。相信大家已经看到通报了，从董事长到总经理，相关违规人员都被处理了。

制度制约还包括良好的运行机制。机制必须依附于良好的体制基础上来设计。没有良好的体制，不可能设计出有效的、良好的运行机制。我们经常讲体制机制，这是深层次的矛盾，可以决定我们每个人的命运，因为法人的命运最终决定自然人的命运。谈到风险，大家都很重视，要形成一套风险制度安排，保障机制畅通地运行，保证整个体制的高效运转。同样，这也是我们监管的重点。监管者与被监管者不是猫和老鼠的关系，但可以比喻为警察和司机的关系。例如要解决酒后驾驶的问题，就需要警察从外部监管的角度来加强管理，需要有一个强制的、外部的监管，进而达到司机平安、行人平安、监管平安的多赢局面。

《指导意见》恰恰就是我们监管部门在外部直接的法律法规不能追究的情况下，对公司出现的道德风险、能力风险进行窗口指导、监督的重要手段。这个手段必须转化为每个公司的内控制度。监管问责和公司问责的有效对接，就在这个地方。所以，我们要求大家报材料，在三个月内将内控制度建立起来，原来有缺项的要按监管要求把《指导意见》和原来的内控很好地结合起来。

以上所讲的制度约束是本，是制度性强制。制度经济学的创始人给制度下的定义是：集体行动控制个体行动。这就是制度，否则就乱套了。只有在一个共同规则之下运转，我们的经营活动才能安全正常地运行。

二、机器制约的内涵

1995年之前，有条广告用语"网络就是计算机"，当时很少有人了解这是什么意思。十年以后，大家都知道了，在没有联网的情况下，计算机只能叫高级算盘，仅仅是用键盘代替了算盘。它真正成为计算机，必须是在网络状态下。每个人只是网络的一个终端，这是科技革命带来的变化。当时，中国的企业家协会，包括几个工业部委，以及大型的国有企业，在管理上比较头疼的一件事就是，用小农经济的方法是没有办法管理现代化大生产的。例如，以前单位考勤时，采用人盯人的办法，拿个本子，在门口记录迟到的人，现在这么多人，实践证明采用人盯人的办法行不通了。后来用计算机控制，大家刷卡进楼，就这么简单。还有流水线的自动控制，关键岗位的在线控制等。是"机器"把劳动纪律和工作秩序高效管控起来了。这是发生在我们身边的事实，是一场伟大的革命，是管理监督上的伟大革命。它所带来的不仅是生产力的提高、成本的降低，更是给现代监督提供了方便、快捷的现代化手段。我们这么大的保险系统，依靠保监会这些人把市场管起来，如果不借助现代化的手段，是不可能的，只能是"头痛医头，脚痛医脚"。所以，网络状态下的现代信息监督系统，就叫机器制约。

要实现机器制约，首先需要公司和监管部门结合好，实现矛盾的对立统一。只有公司做好了，监管机关才能做好。这就是矛盾的辩证关系。因为，所有的监管信息都来自经营信息，如果公司提供虚假信息，监管机关依据公司的信息进行监管决策，最终只能导致无效的监管。所以我们要采用监管倒逼的方式，首先要求公司实现信息集中。例如，审批机构时，我们要看公司是否实现了信息集中状态下的联网，只有数据集中在法人总部以后，才能实现同一个网络状态下的监督管理，才能"一网打尽"。只有这样，才能为监管部门实现科学监管、有效监管提供比较真实的业务经营数据。我们下一步要实现与公司系统的对接，将来稽查时，首先要有一套软件，提高稽查效率。所以说，"人定制度，制度管人"，然后形成机器制约。

"人有情，机器无情"，这是过去传统改革理论无法解决的问题。包括熊彼特在内的管理大师都不曾遇到现代化手段下的管理与监督，这是历史的局限性。在当今信息化社会，机器制约不是简单地安装一台计算机，做些统计数据，而应该是网络，是现代化的监控信息系统，这是一场以往任何时代监管都没有遇到的伟大革命。没有这个，就谈不上现代监管。面对复杂的现代化、社会化大生产，必须采取一定的手段。首要的就是集中、规范业务经营信息，确保提供的信息真实有效。在此基础上，建立管理监控信息系统。以前，保险公司的信息部门之所以不被重视，是因为数据不集中。没有这样的网络状态，计算机系统只是个统计报表系统，起不到监控作用。在信息集中状态下，可以使用人工智能，实现计算机自动报警功能，例如反洗钱系统，必须要借助计算机控制系统。现代的、数据集中状态下的管理信息，才有实质性意义。目前来看，除了几家大公司的集中化工作还没完成以外，小的公司基本上都实现了集中，基本都是"一网打尽"的模式，给我们在座从事监督管理的人提供了现代的、先进的手段，所以大家一定要重视。

制度再好，如果制度信息不能变成计算机控制的话，就会加入人的感情。人的感情加入后，制度往往就变形了，就会流于形式、形同虚设。

三、文化制约的内涵

机器制约和制度制约是一种对行为的强制，具有法的精神。一项制度的信息流由机器控制来代替人的管理，这些安排本身属于内部的"法制"。法制是一种行为的规范。在法制状态下，虽然有时会出现"合理的往往不合情，合情的往往不合理"现象，但是必须执行，否则只有修改制度、完善制度，这是对行为的强制，是法的精神内涵。把好的习惯、好的做法、理性的经营条文制度化，变成我们行为的强制，就是法的精神，是"他控"。而文化制约是"自控"，是我们监督管理上的软实力建设，也要重视。一家企业能否打造为百年老店，很重要的一点就是要看它的文化约束。举个华尔街的例子，雷曼兄弟以前保持稳健文化，所以发展很好；后来被领导团队异化为激进的经营文化后就出了大问题，在新的团队领导下，董事会制度安排形同虚设，董事长、CEO集一人之身，产生了美国式的公司独裁，随之形成的文化是一种绝对的服从，领导团队的权力缺乏制约。这是从文化角度的分析，杠杆、衍生品等其他角度的原因就不讲了。所以，百年老店的可持续发展往往是在别人都亢奋的时候保持稳健。还有一个例子，就是AIG集团，当时格林伯格非常鼓励伦敦的三百人年轻团队搞了CDS业务。CDS是在泡沫之上又加了泡沫，它不是对实体经济的履约担保，而是对泡沫的担保，但它又不是实质意义上的担保，而是所谓信用违约互换的掉期衍生品。掉期业务目的是对冲风险，而CDS不是对冲风险，而是放大风险，把原有风险放大六十多倍，为整个金融危机推波助澜。

一个民族具备了批判精神，才能屹立于世界民族之林。对于国际上的大师，我们不能盲目顶礼膜拜，不能迷信，在认真听取他们的观点时，还要进行认真反思。一个民族只有具有勇于批判的精神，才能够崛起。西方经济学的许多定理，是建立在假设基础上的，所以不能迷信，还是要回到现实中来，以解决好现实中的问题。文化是软实力，在现在国际化背景下，实体物质最后都可以互通有无，但占领文化的制高点是最难的。所以对西方的管理制度和经验要批判地借鉴。

有效的风险控制，是我们共同的责任，在这一点上，监管者和被监管者之间没有博弈。虽然我们的身份不同，但在这一点上是统一的。大家都在冥思苦想，希望建立一个好的系统，把内控管理起来。但是，在实践中案件不断发生，而且有的案件甚至是屡查屡犯、屡教不改，究竟是什么原因，需要怎么解决？今天给大家归纳了上面的公式，这个公式最后加的一项，是软的，不是硬的；是自律，不是他律。这种文化约束来自哪里？答案是来自公式的前两项。要实现文化约束，制度文化约束非常重要。制度文化约束是最核心的，不是发几条孔子语录，搞几个名言警句就可以解决的。儒家提倡"修身、齐家、治国、平天下"，"上至天子，下至庶人，皆以修身为本"。这在传统小农社会是有效的。过去专制社会没有法治，老百姓都是皇民、臣民，是在皇帝家法的约束下生存。今天，我们是公民，是在法制约束下生活和工作，努力培养一种遵纪守法的制度理念，就是一种制度文化约束的力量。然后辅之以儒家思想等其他道德约束，才能使我们成为一个高雅的人，一个高素质的人，一个很理性、很有操守的人，这也是最好的自控。如果每个人都很理性、很有操守，那么我们的制度就变成了"达摩克里斯之剑"，就可以悬在空中，闲着、休息着；但是一旦发生问题，它就不休息了，就要"开刀问斩"了，这就是责任追究，就是本次培训的主题。文化的力量很大，范畴很广，就不展开讲了。

总之，有效风险控制的核心是前两项，必须坚持，最后再形成自我约束，这是文化的力量，是一个理念的植入，并形成一种文化的自觉。大家要把这三个问题现实地、战略地统一起来，很好地把握，真正从治本的措施上有效控制保险业的风险。我们保险监管的重要职责，就是控制保险业的风险，保护被保险人的利益，维持好市场秩序，促进国民经济健康有效发展。

金融如何助力第一生产力？[1]

（2011年4月1日）

刚才，国家发展改革委张晓强副主任做了关于"十二五"科技发展的报告，听后受益匪浅。现在主持人让我为大家做科技与金融如何结合的报告，使我有点忐忑不安。因为事先接通知是参加科技金融促进会的换届选举小型会议并做个简短发言，不料换届选举会结束后，被请到这个数百人参加的大报告厅来做报告，这对未备讲稿的我来说，如"刘姥姥进大观园"，既新鲜又不知所措，看来是躲不掉了，可能讲得紧张，发挥不当，请大家多包涵。

科技与金融结合这个话题说来话长。记得20世纪90年代初，我在中国农业银行工业信贷部工作时，就科技与金融如何结合问题，经常与国家科委进行探索。当时给我们观念上最大的震撼就是邓小平同志为科技的题词，即现在大家所熟记的"科学技术是第一生产力"。科委的同志对我说，没有资金，第一生产力就难以实现。我说，马克思曾说过："资金是再生产活动的第一推动力。"只有第一生产力跟第一推动力有效结合，才能将科技成果转化为现实生产力。我长期从事科技与金融结合工作的经历证明，搞好这种结合并非是在认识上难统一，而是在实践上难操作，结合上缺少契合点。

我的第一点体会是，科技与金融结合必须根据中国经济转型的特点，能不能结合好，关键在于政府是不是强力推进。今天在座的各位都来自中关村，中关村做得不错，这是政府强力推进的典型。2010年12月五部委联合下了文件（注：《关于印发促进科技和金融结合试点实施方

---

[1] 在中关村科技金融报告会上的演讲，根据速记整理。

案的通知》），这标志着政府强力推进科技跟金融的结合将迈上一个新的台阶。我认为，除了文件中的五部委外，还应该加上两个关键的部委——财政部和国家税务总局。有这两部委参与，我们就会减少对政策的游说，方便直接对话与沟通，争取更多的理解和支持。

政府强有力的支持是关键，但是真正落到实处却很难。科技这个领域的风险是比较大的、不确定性很强。我曾长期搞科技项目贷款，对此深有体会。比如说，在科技成果转化的哪个阶段金融介入比较合适？是研发阶段还是中试阶段？在研发阶段，银行信贷和商业保险肯定不愿介入，这个阶段只能靠研发主体自身的投入和政府的扶助。中试阶段可以让商业保险介入，建立中试风险补偿机制。但根据保险原理，很难按大数法则厘定投保主体可以接受的费率，因此必须有政府的保费补贴，实行政策性保险商业化运作。在科技成果商品化的阶段，恰恰是金融跟科技结合的最佳点，也是最难点。

怎么来结合呢？怎么来突破难点呢？我认为，第一，政府强力推动，建立一种综合性的风险化解及补偿机制。欲建立起这样一种机制，牵涉到国家两大政策的调整，一是财税政策，二是金融政策。所以开始我就讲，五部委推动不够，还应把财政税务加进来。调整财税政策的原则是放水养鱼，先予后取；其重点是按量化的风险额度实行全部或部分风险对冲，让那些真正能够取得自主知识产权的高科技创新主体，放手开发，彻底解除他们的后顾之忧。调整金融政策的原则是政策性金融与商业性金融相结合，其重点是增加信贷额度、贴息额度、拨备额度、呆账核销额度等。在科技成果商品化阶段，要使财税政策和信贷政策更加透明、更加公平公正、更加富有效率，最好的办法就是实行贴息贷款和贴费商业保险招投标体制。

我认为，科技和金融的结合，既需要硬实力的结合，也需要软实力的结合。人们往往关注硬实力的结合，如给钱给物，给优惠政策等，容易忽视软实力建设，如科技与金融共同价值观形成就至关重要。在科技成果商品化这个问题上，我们必须有共同的价值观，必须有一个共同的市场取向。科技成果转化的目标是价值最大化，金融跟它结合以后，整个金融资产也要随之价值最大化。科技和金融的结合要得到国家的优惠政策，优惠政策体现的方向和切入点可能不一样，但是结果应该是一样的，即科技和金融获得双赢。国家优惠政策必然产生一个助推力，其着力点是助力我们大胆地跨越风险，实现商品的价值。马克思说得好："实现商品的价值是一次惊险的跳跃，一旦不成功，摔坏的不是商品，一定是商品生产者。"所有优惠政策都是为商品生产者提供的一种避险工具，都是对商品生产者的保护，也是对商品生产者的援助和激励。前些年，为解决中小企业贷款难问题，财政下了很大力量，建立起一些对中小企业的担保公司，但仍解决不了贷款难的问题。科技担保机制与中小企业担保机制有很大的不同，谁来鉴定科技成果的价值含量是一个挑战性难题。一般中小企业好坏看得见，有的生产的产品很简单，科技成果就不一样，风险较大，又不易预测和控制。在此情况下，若科技和金融能够形成共同的理念和共同的价值观，就能产生一种强大的无形的担保力量，或敢于担当风险的责任力量。用哲学的观点看，就是精神可以变物质，远见可以创造未来。再如科技的法规建设也极为重要。没有良好的保护知识产权的法制环境，科技成果就难以顺利转化，转化了也难以做大做强。

当前，科技与金融的结合如何充分利用商业保险的保障和风险管理功能还很薄弱，还没有破题。我认为，保险的功能比担保的功能更深入，范围更宽。以前国家科委搞几大计划，包括科技开发计划、火炬计划、863高科技工程等。当时中央银行为这些计划匹配专项贷款，取得了良好的经济效益和社会效益。现在科技成果的转化不能再用以前的老办法，但应借鉴以前有益的经验，如政府强力推动是绝对不可缺少的。最好的办法就是完善政府推动下的商业化运作。

在金融领域还有一个重要问题就是利率市场化。我们说市场经济是否成功的一个重要标志，就是说商品的价格是不是真正的市场化了。在二十世纪八九十年代价格双轨制时，出现了一些严重问题，后来坚持"价格闯关"，一步步闯了过来，主要问题都一一解决了。现在我们金融市场存贷款的价格还没有完全市场化，还需要"闯关"。能不能在中关村这个地方先走一步？放开利率市场化，在这个区域推进试点。现在有这样一句调侃，到北京一看，银行营业所比公共厕所多，找营业所易，找厕所难。你看那么多地方的小银行都把分行开到北京来了。机构多的好处是竞争的主体多了，可以改进服务，提供效率。但如不加规范，隐患也会增加。如果将利率市场化了，加上金融竞争主体的多元化，资金的价格就会往下走，最大受益者是广大金融消费者和不同的授信主体。他们可从中得到便宜、廉价、优质的金融产品。这时，科技与金融结合，政府可以通过优惠政策，达到"四两拨千斤"的效果，政府的推动便更有作为，科技与金融的结合将形成一种良性互动机制。

我记得20世纪80年代末、90年代初，信贷资金是最紧缺的资源。特别是到乡镇企业发达的苏南地区，当地官员见到我们经常调侃的一句话就是："领导我们企业的核心力量是中国农业银行。"当时我们同国家科委联合推出一个"苏锡常火炬带建设"，很是轰动，还上了央视的《新闻联播》。这个就是科技跟金融结合的典范。今天，当年的一些火炬项目已成长为巨型企业或跨国公司。如今搞乡镇企业信贷的同志再去苏南，首先要请这些高科技企业老板吃饭，并开展各种公关联谊活动，目的是建立稳固的客户关系，唯恐他们跑掉。此时如利率市场化了，对这些成长良好的高新技术企业，银行既给他们增加授信额度，又给他们利率优惠。通过政府的优惠政策吸引金融的持续支持，是高科技成果商品化、产业化、国际化的关键。

最后，我再谈谈科技创新和金融创新结合的问题。这也是一个挑战性的题目。我们现在面临的是科技创新和金融创新严重脱节。我们整个信贷产品，保险产品基本上是比较老化、比较同质化的。其中一个重要原因是创新没有跟上来。有人说这次华尔街金融海啸就是金融创新惹的事。这个观点对不对呢？对，但是不全面。为什么？创新本身没问题，只是金融创新过了头，严重地脱离了实体经济，在虚拟经济之上不断虚拟创新，如泡沫越吹越大，最终必然导致破灭。与华尔街不同的是，中国恰恰是创新不足。我们的金融产品还远不能满足经济发展和人们投资的有效需求。我们在批评华尔街金融创新过度的同时，千万不要把他们的好东西和不好的东西一起给批判了，就像倒孩子澡盆里的水，如果把孩子也一起倒掉了，就因小失大，得不偿失了。华尔街最可贵的和最值得学习的是什么？一是不竭的创新精神；二是高效率的市场机制。中国的金融市场与华尔街比，还不在一个档次上，还处在幼稚期，还是人家的小学生。以华尔街的创新精神来开展我们的科技与金融结合，就会开出一片崭新的天地。比如说高科技知识产权这种无形的资产，可不可以进行交换？可不可以编一个高回报的动人的故事？有人可能会说你们这不在是骗人吗？我认为这不是骗人，这是在编制一份风险转移分担的融资计划，它必须有很高的透明度和良好的监督机制，它是"一个愿打一个愿挨"的市场行为，它应是一种依托实体经济创新的衍生金融工具，它可以迎合投资者不同的风险偏好。

  对此，我们要打开思路，鼓励创新，加速科技成果的转化。中国的金融创新是一篇大文章，是一项复杂的系统工程。信贷市场、保险市场、资本市场等有效联动，优势互补，才能破解这个难题，做好这篇文章。以保险产品创新为例，对重大科技成果保险后，如何在分保环节通过资本市场转移和分散风险？对此，国外已有成功的经验。比如这次日本大地震，大家觉得他们的保险行业够呛了吧，可是情况并非像我们想得那样糟糕。前一段时间，日本最大的财产保险公司——东京海上火险公司的负责人跟我说，他们受到的影响不是很大。原因是他们已建立起良好的政府补助机制和风险分保转移机制。他们的个人地震险的保费90%分保到全球范围了，完成了风险的全球转移；对企业地震险的保费，公司把它们的保单作为现金流全部送到东京的资本市场上把它证券化了，风险分散到众多投资者身上。中国目前没有建立起完善的地震保险机制。保险公司的地震保险赔款还不到地震损失的3%。日本保险公司救灾机制与中国的救灾机制不同，我们是一方有难八方支援的政府主导机制。日本是政府与商业保险相结合的救助机制。它们不但把风险分到全日本，而且分到全球去了。我听后很受启发。日本能把地震巨灾的保单送到证券市场证券化，我们的高新科技产品和知识产权有什么不可能？我建议组织一些专家进行实证研究，努力破解高新科技成果商品化过程中的融资难题。

　　以上只是个人观点，谨供参考，不当之处请大家批评指正。谢谢各位！

承前启后,再创辉煌[①]

(2018年9月8日)

尊敬的广发行老前辈、各位嘉宾、同志们:

今天是个秋高气爽、风和日丽、花团锦簇的好日子。我们在这里集会隆重庆祝广发行30年华诞。30年前的今天,广发银行在祖国改革开放的前哨——广东诞生,在历史上有着非凡的意义。刚才,广发行首任行长、八十多岁高龄的伍池新老先生在致辞里满怀深情地回顾了过去的峥嵘岁月。曾做过广发行副行长的原广东省副省长陈云贤先生也回顾了广发行不平凡的发展历程。今天我们回首往昔,首先想到的就是广发银行的诞生有哪些意义。我认为最重要的意义在于它率先告诉了我们"商业银行"这个名字和如何办商业银行。在那时候我们还不知道什么是商业银行,更不知道什么是信用卡。作为首批成立的四家商业银行之一,广发银行办出了自己的特色,发行了第一张国际标准的信用卡。

三十年来,广发银行完成了三次重大的转型,为地方经济发展作出重要贡献,对我国商业银行的建设进行了有益的探索,也付出了较大的成本,成果值得肯定,教训值得吸取,经验值得推广。

第一次转型是从政府主导转向市场主导。这是一条充满挑战的转型之路。记得当时我们还不知道什么叫市场经济,只知道"商业银行"这个名字,但不知如何运作。通过在广东这块热土试水,起初是多级法人制,各级行的行长由政府官员兼任。后来出了一些问题,付了学费,总

[①] 在广发银行成立三十周年纪念大会的致辞,根据录音整理。

结了教训。发现政府主导不符合市场经济的要求，在总结教训后逐步转向市场主导。政府不再直接干预或派员兼职。"市场主导"今天听起来很平常，但在当时提出这一概念并非易事，是很大胆的探索。第二次转型是从多级法人制转向统一法人制。这次成功的转型为后来的所有中小型股份制商业银行提供了有益的借鉴。转向市场主导之后，由单一股权转向多元股权，形成了今天混合所有制这一全球通行的模式。第三次转型是从区域转向全国。就是从广东，特别是从珠江三角洲区域转向全国重点区域设分行。这也为股份制商业银行后来兴起的跨区域经营提供了宝贵经验。与此同时，广发行在三次大转型中实现了从无到有、从小到大、从弱到强的转变。最初的资产金规模只有不到20亿元，到目前已突破2万多亿元。如今我们已在世界百强银行中占有一席之地，获得"最佳年度创新银行""最佳交易银行""最佳雇主"等殊荣，这些成绩都来自三十年不平凡历程的积累。

中国人寿主导广发银行两年来，我们又进行了有益的探索。最大的探索就是银保协同资源共享，以共享促进共建、以共建实现共赢。现在广发银行已出现了多个可喜的变化：一是不良资产规模大幅下降；二是风险管理水平明显提高，重大案件隐患基本消失，在监管部门的帮助指导下，重大风险得到妥善化解；三是经营效益触底回升。三十年来的实践积累让我们充满信心和期待。

时代在前进，事业在发展，改革在深化。广发银行今后的路在何方？特别是在后工业时代全球信息化发展日新月异的大背景下，我们必须实现二次创业。一次创业我们完成了三大转型，二次创业也要完成三大转型。

第一，要瞄准目标向高质量发展转型。过去我们曾实现过高增长，但靠的是粗放经营，留下了不少隐患。当然，年轻的银行没有烦恼是成长不起来的，但我们要记住烦恼，总结教训。一要解决基础不牢的问题，对全行基础管理工程进行认真设计。二要实施科技创新工程。在新时代，新科技高速发展，科技的作用已不再是传统意义上的支撑业务发展，而是要实现引领发展。三要实施文化重塑工程。今天我们发布新企业文化理念，这是全行上下经过三轮投票产生的。要由区域文化走向全国、走向国际，需要过程、需要时间、需要整合。两年前股权变更的时候，我们曾向广东省委省政府承诺，一不改名，二不迁址。但我们要重塑文化，因此大型工作会议要集中到北京开，就是要让大家讲普通话，突破区域局限，扩宽眼界，打开视野，站在更高的起点上。

第二，要完成向全员风险管理的转型。目前，广发银行风险管理体系还比较脆弱，主要还是依靠传统手段进行风险控制，尚未形成现代化的风险管理体系。这方面我们吃了不少苦头，付了不少学费。我们要通过全员风险管理来筑牢安全经营的风控体系，总结起来就是"制度制约+机器制约+文化制约=有效风险管理"。这个"公式"不是凭空想象出来的，而是我们从众多案件及广发风险管理的实践中总结出来的。

第三，要完成向智慧银行的转型。智慧银行是网络银行的高级阶段，也是所有商业银行未来的必然选择。谁走得快，谁就会抢占先机。当前，我们不可能再走重资产的道路，未来的竞争一定是平台竞争，线上线下结合，必须轻资本、网络化、虚拟化、场景化。我们要在大数据、云计算、区块链的基础上，打造银保联动系统平台，在平台上互动、共建、共享，实现场景互换、标准营销。广发银行智能网点的雏形已经形成，这是可喜的萌芽。今后的银行将是场景虚拟化、零距离，时间全天候、移动化，终端随身带，时时关怀，安全便捷。我们要建立大系统向智慧银行升级，这可能需要5~10年的艰苦努力，现在做来得及、做得到，要争取提前实现。

各位老前辈、各位嘉宾、同志们，长风破浪会有时，直挂云帆济沧海。今天的广发银行已经不是当初在风雨中漂泊的一只小船，而是已经成为一艘巨轮。在新起点上，希望大家齐心协力，扬帆远航，乘风破浪，再创辉煌！

迎接股改新体制的挑战[①]

（2007年5月10日）

今天是党校春季领导干部进修班开学典礼。关于党的理论方面的课程，已经纳入教学计划，要用一个章节来讲，我在这里就不讲了。我要说的是大家当前比较关心的，农业银行股份制改革这一主题，这是农行上下都比较关心的问题。在股份制公司挂牌前夕，我们统一思想非常重要。

一、农业银行股份制改革的背景

大家知道，中央在研究农业银行股份制改革的方案时，是非常慎重的。但在论证方案时确实有不同的声音。2006年"5·19事件"就是最突出的一个表现。当时农行分拆的方案在《财经时报》登出来，说中央要撤销农业银行总行，要将我们统一法人拆分为多个法人。这个不实的报道不但被国内媒体普遍转载，而且包括伦敦、纽约等国际金融中心一些有影响的报纸、杂志也进行了转载披露，应该说造成了一定的国际影响，同时对农业银行系统本身也带来了一次不大不小的震荡。当时，总行机关员工思想不太稳定，各种活思想比较多，机关党委副书记闵玮同志邀请我就农行的改革问题给大家讲一讲。为尽快统一大家的思想，我愉快地接受了邀请。讲过以后，大家心情基本稳定了下来。当时农行改革的事还没有定论，我作的只是一个预期分析。现在回过头来看，这个

[①] 在中国农业银行党校2007年春季领导干部进修班开学典礼上的讲话，根据录音整理。

报告是及时的，当时我本人对农行改革前景的预期分析，与中央和国务院后来对农行改革所做出的决定基本是一致的。

当时，关于农行改革提出了多种方案。有没有分拆方案呢？在诸多方案中提出一个分拆方案也是可以理解的，有比较才有鉴别嘛！但个别新闻媒体不当披露后，造成那么大的影响，是我们所未预料到的。在论证农行股改方案上，我先后给国务院有关领导当面汇报，并给温家宝总理写了三封信。2006年9月，我从印度考察回来之后，又专门给总理写了一份考察报告。印度和中国的国情非常相似，印度是仅次于中国的一个大的发展中国家，而且也是城乡二元结构。我个人认为，印度的经济和社会发展与中国的差距还是比较大的，但它的农村金融体系比中国的好，公司治理结构、风险管理架构都比我们先进，特别是对于我们发展县域金融、服务"三农"很有借鉴意义。三封信集中讲农行的改革，考察报告专门讲印度的做法，中心思想就是给总理建议、给中央建议，农业银行改革不能走分拆的路，核心是必须坚持"整体改制，择机上市"。当时我们叫"以'三农'为核心，以县域为基础，整体改制，择机上市"。后来在中央金融工作会议上经过反复斟酌确定了农行改革的"四句话，十六字方针"，叫作"面向'三农'，整体改制，商业运作，择机上市"。现在各方面对此都形成了共识。所以"十六字方针"是来之不易的。有关部门很支持我们，我们与国务院研究室、财政部、发改委、中央银行等部门多次衔接，我和周小川行长也多次汇报交流。当时，在农行改革上有多种方案，正式红头上报有三套方案，其中就有厉以宁过去搞股份制时提出的"靓女先嫁"方案。有关部门做了大量工作，最终促成了农业银行的整体改制方案。可以说，农行的改革方案来之不易，有惊无险。今年中央金融工作会议召开后，农行上下进一步统一了思想，振奋了精神，整个系统欢欣鼓舞。这个方案对国家有利，对农行有利，对我们每个农行员工的职业生涯有利。

这是我讲的开场白，给大家讲一讲背景。我们能够坐在这里参加党校党员领导干部进修班的学习，是农行改革方案确定、农行利好的后续效应。假如农行分拆了，大家也就不会在这里学习了，而是已经被分流了。可以说，股改是一项繁重的、复杂的系统工程。目前，我们聘请的多家中介机构和我们总行机关的主要业务部门正在加班加点，大量的工作正在紧张地进行着。因为股改的工作任务很重，我们这期进修班学习时间浓缩为一个月，而且今年就办一期，所以开班时我要给大家讲一讲，传达一些信息。大家要统一思想，振奋精神，不辜负党中央和国务院的期望，把"十六字方针"落实好，稳步推进农行的股份制改革。

二、农行股改的重要意义和深远影响

农行股改和其他几家银行比较，它的重要性、它的重要意义在什么地方？我们必须有很好的理解。

中央确定的农行股份制改革的"十六字方针"，具有重要的现实意义和深远的历史意义，是符合中国国情的，也符合农行行情。我们在年初分行长会议上召开了一次新闻发布会，韩仲琦同志主持。我觉得仲琦同志总结"农行股改是中国国有银行改革的收官之作"，讲得非常好。中央在认真总结其他国有商业银行股份制改革经验的基础上，经过深思熟虑和反复斟酌，把农行股改的方案定下来，为国有商业银行的股份制改革画了一个句号。今后，中国再也没有国有独资的大银行的股份制改革了，这不正是国有商业银行股改的收官之作吗！

中央这次决定农行改革的基本原则，体现了"主旋律"不变，但是实现路径体现了"一行一策"。什么是主旋律？就是中央对四大国有银行（后来加入交通银行是五大银行）综合改革的核心要求，就是要通过股份制改革，成为现代化的商业银行。农行改革除了体现"主旋律"之外，究竟在哪些地方突出农行特点、突出农行个性，突出体现中央提出的国有大银行改革"一行一策"的要求呢？

四大行改革的差异在哪里？农行改革的最大不同点在什么地方？就在农行改革"十六字方针"的第一句话。最大的差别是这句话，最大的难点也是这句话。其他三家银行走的是直接与国际惯例接轨的路子。它们成为上市公司后，直接参与国际化竞争。农行不是这样。中央政府确定农行的市场定位是"面向'三农'"，这与其他三家银行完全不同。它们改制后，不存在政府为其定位，而是市场选择定位，哪儿赚钱就选择哪儿，到美国可以，到柬埔寨也可以。三大行纷纷把网点从资源贫乏的县域撤到中心城市，就是这种市场定位的直接反应。然而农行不同，农行是政府定位。商业银行的经营由政府定位，在世界上有没有先例呢？严格意义上，目前没有，国内没有，国外也没有。我在国务院有关会议上几次发言都说，我们农行的改革前无古人，没有先例可以借鉴。如果勉强说有的话，是法国和奥地利两个经济发达国家。法国的法农贷在一百多年前是我们这种定位，但它是自下而上控股，而且当时的各种条件与现在是完全不一样的。现在，法农贷已经发生了彻底的变化，发展为欧洲第一大商业银行。奥地利中央合作银行和农行更不一样，更没有可比性。

关于农业银行的改革问题，国务院成立了由十几部委组成的农行改革领导小组正在抓紧研究。现在小组成员单位都派人去调研了，调研报告整理出来后，形成方案正式报国务院。"面向'三农'"和"商业运作"确实是个矛盾，很复杂，但一定要解决好。我认为，在党中央和国务院必要的财政、货币、税收政策的支持下，加上农行系统全体员工的共同努力，我们完全可以破解"面向'三农'"与"商业运作"的矛盾，实现二者的"水火相济"。我们对此充满信心。

中央对农业银行的改革为什么提出这样一个市场定位？因为这样的市场定位符合中国国情和农业银行的实际情况，是农业银行改革的必然选择。中国是一个城乡二元结构比较明显的国家，是一个城乡一体化逐步推进中的国家，是一个推进工业化、迎接信息化挑战的国家。农行的行情恰好是中国国情的缩影，人口多，底子薄，基础差。所以，农行改革是中国国有银行改革的收官之作，也是有中国特色之作、没有先例之作。对农行的行情，我们既不能妄自菲薄，也不能妄自尊大，要振奋精神，努力工作，有所作为。农行具有"朴"的精神、"朴"的文化。我们要努力做到外华内朴，气质是"华"的，内在是"朴"的，这是由农行的市场地位决定的。农行的股份制改革，有国家的政策扶持，有有关部门的配合和支持，有自身深厚质朴的文化底蕴，有广大农行员工的满腔热情和积极参与，一定能取得圆满成功，也一定会取得圆满成功。

三、农行股改所要解决的主要问题

农行股改已经开始，其中几项主要工作也已取得明显成效。第一是清产核资，第二是不良资产剥离，第三是人力资源综合改革方案的制定，第四是外部审计，聘请德勤公司进行审计，国家审计署也在对农行进行审计。这些工作正在有条不紊地进行。那么，农行股改所要解决的主要问题是什么呢？农行股改绝不像某些学者所说的，就是为了争取国家给钱和在股市圈钱。作为一家大的股份制银行，我们所要解决的主要问题是体制和机制的再造与创新问题，这是农行股份制改革的重点、难点和核心所在。

（一）农行股改所要解决的第一个重要问题是体制的再造与创新

农行的股改就是要建立新的法人治理结构，要由现在的国家独资的股本约束转变为多元股本约束。股改的核心就在这里。股改以后，农行的压力就大了。约束主体变了，包括国家、众多股东和战略投资者，以及潜在的投资人或股东，还包括监管机构和中介机构，他们代表整个资本市场。农行的经营由以政府主导为主，变为以市场主导为主，由单一的制衡与约束，变为多元的制衡与约束。这种约束就是要求农行对股本的保值增值负责，对股东负责，对市场负责。大家都说"等股改，盼股改"。当股改真的到来时，危机也就来了。当然，危机到来了，机遇也就到来了，危机与机遇同在。世界上的事都是这样。股改后，大家认为员工的收入可能会提高。但我认为，有可能会提高，也有可能不会提高。收入提高与否，取决于整体的业绩表现，最终取决于大家的共同努力。大家应该有这方面的思想准备。

（二）农行股改所要解决的第二个问题是机制的再造与创新

体制再造与创新以后，体制是否有效，还要看内部运作机制是否健全。所以，农行股改必须解决的另一个重要问题就是机制的再造与创新问题。

首先，我们要知道整个机制运行的驱动力是什么。我认为是四个字："有效激励"。农行自身激励的现状到底如何？一是确实有激励；二是激励逐年加大；三是激励边际效应递减，整体递减，结构错位，层层截留，最后到柜台人员，激励的效应就很小了。由于激励不平衡，导致个别基层员工心理失衡，乃至于直接挪用库款。农行基层的有些案件，作案很简单，都是傻瓜作案。要把员工的积极性调动好、保护好、发挥好，有效地防范案件，首先要解决好激励问题。我们是驱动力错位，边际效应递减。人力资源改革就是要解决这个问题，要对每个岗位进行价值评价，进行科学激励，改革后能达到员工的收入和员工的市场价值互动的效果。员工的收入与市场价值相对应，我们的激励机制就成功了。股份制银行的高效运转靠机制，有效激励是银行管理的重点，也是银行管理的难点。

其次，如何进行有效的风险管理？银行管理就要抓住有效激励和有效风险管理两个重点。抓住了这两个重点，就会纲举目张。人才问题也好解决，员工会自己培养自己，要拿出自己收入中的一部分进行人力资本投资。人力资本的投资是所有投资中回报率最高的投资。高投入，才会有高回报。一家银行，经营有效率，风险又可控，就什么困难都不怕了。农行风险管理的现状是，有风险管理，风险管理也在加强，但仍然处于分散状态。很多系统都是条线分割的，没有综合系统，结果造成投资加大而成效不大。所以，股份制改革在机制建设上的一项重点，就是建立有效的风险管理机制。根据农行的特点，做到统分结合，分工协调，建立统一的网状风险控制系统，这需要重新进行组织架构的调整，把现有系统与组织系统进行对接，大体用三年时间建成。现在大量的基础性建设搞起来了，下一步主要任务就是整合。目前，农行实现了数据的大集中，为整合提供了坚实的基础。我们的目标是"农行一网，一网打尽"。现在，"农行一网"顺利实现，"一网打尽"正在实现。科技革命带来的影响和效益是无可估量的。全面的风险管理靠什么？靠科技。过去的那种人海战术，只能适用技术不发达状况。大家要树立"科技兴行"的观念，高度重视科技在风险管理中的应用，没有科技是无法搞好风险管理的。在这方面我们要舍得投资,这种投资可以叫作"科技成本"。要舍得花钱,努力构建一支稳得住的科技人才队伍和科技与业务相结合的复合型的员工队伍。现在我很忧虑,县支行几乎没有科技人员。下一步人力资源的投资重点是科技复合型人才,要建立一支懂科技、懂业务并能够实现两者互动、有机结合的员工队伍。

最后,要解决管理的创新问题。我在这里着重强调三点:一是管理理念的创新。先进的管理理念是行动自觉的前提。目前,我们多是书本理念,还缺乏体制内自生的理念,下一步要解决的就是按股份制银行的体制和机制"倒逼"形成的创新的农行管理理念,要符合农行的现实状况。对此,大家要有心理准备。比如城乡二元经营结构,就是农行特有的,应该和农行的新的管理理念有机地结合起来。二是管理流程的创新。目前,农行管理流程的问题主要是没有以市场为导向、以客户为中心去设计流程。下一步把"层层对上级负责"的流程改造为"层层对客户负责,层层对市场负责"的流程。流程再造的核心就在于此。路径缩短,效率就会提高。流程再造的路径一定要对,路径对了,即便步子稍慢点也不要紧;但如果路径错了,即便步子再快,效果也只能是适得其反。三是组织体系的创新。这次改革,总行机关每个部室、每个处的职能都要重新调整,每个岗位的职责也要重新描述,每个岗位的价值都要重新评估。无数实践证明,好的组织体系是好的管理的保证。

四、迎接新体制的挑战,做好股份制银行新型员工的准备

预计年底股份制公司就会挂牌。作为股份制银行的员工,我们准备好了吗?我认为作为未来股份制农行的员工,上至领导,下至一般员工,大家应该做好以下几个方面的准备。

(一)做好思想准备和心理调适

我们每个人都要做好思想准备和心理调适。新体制带来的首先是挑战,能够很好地应对挑战,才会有机遇。大家都要思考在新体制下如何转变观念,并进行必要的心理调试。在座的都是高管,体制改革后,有的官衔可能没了,收入也可能降下来。所以,观念先转变,要进行

心理准备和心理调适。如果心态调整不好，不仅影响你的工作，而且影响你的身体。据有的专家预测，将来对人类健康危害最大的疾病不是癌症和心脑血管疾病，而可能是抑郁症。高知、高管、高收入者则是抑郁症的高危人群。如果做不好心理调适，心态失衡，抑郁症就可能会乘虚而入。

（二）党员领导干部应具有较高的职业境界

高管人员处在企业价值链的高端，是价值创造者之一，要有很高的职业境界，要模范带头。在挑战中，在关键时刻，要体现出应有的职业境界。在新体制创建和形成的过程中，党员领导干部要像在洪水和地震中抢救群众那样，冲锋在前，吃苦在前。如果你做到了，就能把握住自己，就能赢得群众的信任，就能成为新体制下优秀的高级管理人员。每个党员领导干部应具有较高的职业境界，都要在改革中充分发挥模范带头作用。

（三）做好更新知识的准备

新体制下，人力资本投资有两个方面，一方面是自我投资、自我更新，另一方面是组织职业培训。我们都要根据各自的工作要求，做出一定的安排。早安排，早主动。学习革命、终身学习、建设学习型组织等新的学习理念，看似大道理，其实都是对我们非常有用的实在道理、真道理。人总是要不断进行知识更新，不断充实和完善自己，才能更好地适应新体制的要求。

（四）注重职业道德的修炼

现在有些高管出问题，不是出在能力上，也不是出在水平上，而是出在操守上。操守问题就是职业道德问题。说起来，我们很痛心。2000年以来，我们处理科级以上干部达到5万多人。在这些干部中，年纪轻、学历高、业务熟、能力强的不乏其人。其中两部分人最可惜，一些是在重要领导岗位上的，有的还当了分行一把手，还有一些是在2000年后列入大后备名单当中的，其中还有几名是博士，送到海外学习回来的。我们每个人的成长，做到一定职位，大都是以能力取胜的多。到了一定职位，就需要德才兼备，德在先。出问题的大多是有才无德。邯郸大案简就是傻瓜作案，一点智能都没有，是无能无德。领导干部要有职业操守，注重职业道德修养，这样对自己、对家人、对企业三方面都有利。老子说"罪莫大于可欲，祸莫大于不知足""天道无亲，恒于善人"。我们要找准自己的位置，不要不知足，不要做勉强的事，不要做欲壑难填的事情。

改革时期，对农行来说也是多事之秋。去年我们出现了"5·19事件"、"6·26事件"，今年出了"4·16事件"。回顾几家大银行的股改，改革前都曾出过大的事件，好比新生儿出生，"呱呱坠地"是有阵痛的。不光农行，其他行在改革时，也都出了引起全国乃至世界震动的大事。面对这几起大案，我们痛定思痛，亡羊补牢，通过严肃认真整改，完善制度，加强管理。我们有信心变坏事为好事，"大案"给农行带来"大治"，股改前把所有问题一并解决，最后把一家公众信任的股份制公司推向市场。"5·19事件"和"6·26事件"促成了农行的改革，坏事变好事。对"4·16事件"，我总结为"惊天大案，荒唐透顶，奇耻大辱，影响极坏"。对这个案件，总行党委处理得比较果断，深刻反思，诚恳检讨，反响还不错。同时，制定了切实可行的措施，及时在全行范围开展了金库大检查和会计内控大检查，彻底改造金库制度和会计内控制度，也促使我们下决心把其他的隐患加以根治和防范。这样反而会更加有利于推动和促进农行的改革。我们大家对农行的股份制改革应该充满信心。

最后，希望大家充分利用好这一个月的进修时间，认真学习，学有所获。祝大家学习好、生活好、身体好！

谢谢大家！

在保监会举办的《海峡两岸共同防范保险欺诈犯罪合作谅解备忘录》签署仪式上的致辞[①]

(2011年8月19日)

各位来宾、各位同仁:

今天是一个令人难忘的日子,在签署合作谅解备忘录之前,我们刚刚成功举办了海峡两岸反保险欺诈研讨会。这个研讨会信息量很大,内容非常简洁,特别是三位台湾同仁演示的范例,给我触动很大。把海峡两岸反保险欺诈作个比较,我有几点体会:第一,大陆在反保险欺诈问题上观念还比较落后。我作为反保险欺诈主管机关的负责人,本次会议是促使我转变观念的重要起点,我想在座的监管机关的主任们跟我的感受应该是一样的。第二,台湾保险业在反欺诈方面积累了丰富的经验,我们总体还做得不够。这次平安产险公司总经理助理讲得很好,我们要利用数据挖掘技术,通过概率分布,找出欺诈现象,然后对外发布警示。平安已经起步,但我们很多大公司还未建成数据中心,全国性的数据集中网络没有形成。数据库没有形成,历史数据又不完整,导致我们不知如何挖掘需要的数据。第三,我们反欺诈的技术水平相对落后。今天台湾方面演示的反欺诈系统是先进的,相比较而言,中保协系统还处于"儿童时期",属起步阶段。反欺诈的信息只能打包报送,不能形

---

① 本文根据录音整理。

成在线监测。而台湾的系统有个特点，一旦投保，即使还未出单，信息就传递出去了，承保后，保单信息立即对接到犯防中心的系统。今天现场演示了数据传输的过程，虽然会场电路出了点故障，但是我们仍能看到通过互联网，信息实时传递到了系统里。反观我们的技术，则比较落后，在座的反欺诈部门的负责同志、每一位保监局的负责同志，都应该进行反思。通过这次研讨会，我们要真正从根本上转变观念，在理念上形成共识，增强紧迫感和进取心。

通过本次研讨会，我在想，大陆和台湾差距的根本原因既有主观的，也有客观的，但是总体上看，是两个市场的不同矛盾造成的。台湾保险业比大陆提前三十年到四十年，目前基本是跟欧美接轨的成熟市场。大陆保险市场只有二十多年的历史，是一个发展中的还不成熟的市场。它山之石，可以攻玉。解决反欺诈中的问题，我们要博采众长。我们要在理念上、理论上、实践上、监管上虚心当好学生，学习台湾的先进经验。

目前的大陆保险市场有两个特征。一是我们的市场处于高速发展时期。"十一五"期间，我们的保费收入年均递增20%左右，意味着不到五年翻一番，行业的总资产翻一番，这在世界上是没有的，体现了新型保险市场的鲜明特征。二是这个大好形势同时给我们带来了挑战，即进入案件高发期。我算了一下，这几年的发案量增长率平均达到35%的水平。我是2007年下半年到保监会的，那个时候相对平稳。我当时对吴定富主席说，根据我在银行经营管理的体会推测，保险总资产达到4万亿元时，将开始案件高发。现在回想，确实经过了这样一个阶段。2008年，保险业总资产4万亿元时，案件开始高发，到2009年，案件增长率急速超过两位数，当年大案要案案值达到7.5亿元，发案量增长的速度是83.55%。今天讲案件形势好，发案量下降，那是高增长中的回落，不是真正的、彻底的解决。近段时间发案量有所下降，但其绝对数和趋势还是呈现高发态势。在这样一个背景下，加强海峡两岸合作，打击保险犯罪，是非常及时和重要的。保监会非常重视，在各位主任准备休假时，吴主席特批，主要负责人一定要参加，以表达我们学习的态度。

我们这个活动去年10月开始启动，台湾保险犯罪防制中心赖清祺董事长专程到无锡进行洽谈。12月，我以中保协名誉会长的身份访问台湾。台湾保监局黄天牧局长热情接待，赖董事长精心安排，台湾同仁积极响应。回来后，在国台办、公安部等部门的大力支持下，最终促成今天的会议，并签署合作谅解备忘录，成果来之不易，大家应该举杯庆贺！

我记得去年访台时，赖董事长在会见我的宴会上，深情地吟诵了一首宋代苏东坡的诗。赖董事长说我来的时机很好，台湾的荷花刚刚凋谢，在诗人眼里正是好时节。他吟道："荷尽已无擎雨盖，菊残犹有傲霜枝。一年好景君须记，最是橙黄橘绿时。"我很感动。在此，我也想用唐代大诗人刘禹锡的一首诗赠送赖董事长及在座的各位。现在是初秋时节，我们来到美丽的海滨城市大连，正是："自古逢秋悲寂寥，我言秋日胜春朝。晴空一鹤排云上，便引诗情到碧霄。"我们两岸经过十个月的紧张磋商，也终于迎来了合作备忘录签署的春天！

今天是良好的开始，但是要取得圆满的结果还需要不懈的努力。为做好反保险欺诈工作，我有三个建议。第一，要建立便捷的信息沟通机制。第一步，两岸协会要形成定期的会商机制，不管是半年一次还是一季度一次，这个建立起来比较容易，难的是信息沟通机制最后要达到在线沟通的水平，这个非常重要，建立后对我们的工作非常有利。怎么做呢？首先，能不能建立与台湾保险业的信息联动机制，基础工作在保险公司。保险公司必须抓紧建立自己的全国统一的信息系统，达到数据的完全集中。没有数据的完全集中，我们就无法分享信息资源。其次，行业协会和稽查局要联起手来，投入一定资源，建成一个大家共享的信息系统。这个系统绝不是一个核算系统，而是一个监督管理信息系统，这样我们和台湾信息才能共享，才能及时地为我们监管所用、为我们公司经营管理所用。第二，要建立互相协助的调查机制。这个机制能不能畅通，首先取决于我们是否有诚信，一定要有诚信做基础，其次要有利益机制做约束，利益也要分享，这样才能使两岸反欺诈取得双赢。第三，要建立技术交流机制。今天看完台湾三个案例的演示后，我心里有了底，我们可以采取"拿来主义"，请赖董事长支持我们！技术交流非常重要，不光是我们的监管人员，我们公司的人员也应该主动交流，最后形成一个有大陆特色的系统。通过两岸联动的、现代的、在线的信息交流，反欺诈监测系统才会高效运行。我希望这一天早日到来！

  以上是我的有感而发，供大家参考。最后，衷心预祝通过本次协议的签署，能够开辟两岸反欺诈合作的新时代，谱写新篇章！谢谢各位！

履职尽责　继往开来[1]

（2016年9月14日）

各位董事、各位同事：

首先感谢大家一致推选我担任董事长。我在人寿集团同时也兼任几个主要子公司的董事长，跟这儿一样都不坐班。广发具体的工作，还是以在座的刘家德行长为代表，团结各位董事和管理层开展。

本次中国人寿增持广发银行股份，是中国人寿长期酝酿、一以贯之的战略安排。时间上，四五年前，也就是我到人寿任职前就开始了。我到人寿后继续与花旗方面保持沟通。方式上，是自上而下推进的。国务院领导对这件事很重视，并由国务院办公厅秘书二局协调各监管部门，给予充分指导和大力支持。由于本次股权变动涉及面广、影响重大，我们在具体操作时比较慎重。一是本着互相尊重、坦诚交流的态度，我本人及家德同志出面充分协调其他主要股东，取得一致意见。今天上午召开的股东大会，也很好地认真听取了中小股东的意见和诉求。二是成立了过渡期督导组，就重大事项进行充分沟通协商。三是由于要更换主要股东和主要负责人，特别是牵涉到国际知名度较高的花旗集团，我们特别强调过渡期要确保"人心稳定、队伍稳定、经营稳定"，绝不能发生系统性风险。我做了多年的银行与金融工作，体会是时间越长、胆子越小，特别是自己到了"耳顺之年"之后，更是这个心态。因为银行业是高杠杆经营，最低8%的资本充足率，倒过来看就是12.5倍的杠杆。好的银行经营归根结底，就是"诚信"两个字。一个点上出问题不怕，怕的是"多米诺骨牌效应"引起整条线的系统性风险。所以我非常重视这个问题。

---

[1] 在广发银行董事会2016年第五次临时会议上的讲话，根据录音整理。

总的来说，非常感谢广东省委、省政府和各位股东的大力支持，各位董监事的关注付出，以及全体管理层的顾全大局、坚韧坚守。本次股权变更和治理重组顺利推进，银行正常经营活动未受影响和干扰，市场上基本没有负面舆论，成为改革开放以来综合国力增强、国企实力提高和国际形象提升的有力体现。我想，最根本的原因是这次是以国家信用为支撑的大型保险集团和上市公司中国人寿入主。不是我本人，或者家德同志，这块"金字招牌"才是我们最大的靠山、后盾和无形资本，说明我们的国有资本，以及我们这些年改革发展积累起来的综合实力，可以给大家信心，这个非常重要。

这里，还要特别感谢董建岳董事长，我和家德同志准备专门给他欢送一下，向他表示谢意。因为我很清楚广发银行的情况。广发这些年是走过了坎坷之路的，也有过不少惨痛的教训，可以说是浴火重生。建岳上任以后的这7年，应当说也是经历了风雨，走过来了。他7年来贡献了自己的全部精力，我印象最深的，一是广发银行法人治理结构发生了根本性的变化，二是建立完善了良好的商业银行经营管理体制，使广发的运作走上正轨。同时，我们也不能忘记上一届董事会和管理层7年来对广发发展进步作出的应有贡献，在此一并表示衷心的感谢！

2016年8月29日是个令人难忘的日子。按照《公司法》和新的广发银行章程，中国人寿正式入主广发，而且各项交接比较顺利、彻底。为更好地贯彻中央关于加强和改进党对国有企业领导的各项要求，经报国务院、中组部和银监会批准，广发银行党组织关系将比照中管金融机构通行做法，由广东省直工委转入中国人寿集团党委垂直管理。广东省委也非常支持，8月29日一完成交割，省委就把红头文件发出来了。这也成为银行同业重组改革的一个典范。我的体会是，把党的领导、国有资本主导以及董事会决策有机结合起来，是在国内办好商业银行的特色、法宝和保证，可以积极促进党委和经营班子有机协调统一，提升治理水平、提高决策效率。有人可能不理解，但没有这个，我们的诚信就要打折扣，资产就会出风险。这也是我们国家特有的优势，在这种运行机制下，就很难出现欧美那种形式的金融危机。这是我自己的切身体会。在座有教授有专家，汤小青同志也是老资格的金融家，在央行和商业银行都工作过，这些年都是这样一起走过来的。

今天我主要是谈体会，不是给董事会布置任务。因为多年工作下来，到60岁时突然发现，小时候讲的故事最亲切，最朴素的道理最好用，像稳健经营、像防范风险，还得年年讲、月月讲、天天讲。这里有几件事情，我觉得新的董事会要引起重视、达成共识：

第一，要坚持市场主导。刚才讲过，改革开放以来的巨大成就，靠的是党的领导下的市场的力量。按照党的十八届三中全会精神，就是要将市场在资源配置中的作用从"基础性"提升到"决定性"。本次中国人寿增持后，广发银行国有股权占比提升，同时市场化运作水平也要提升。一切要由市场来主导，而不是董事长、行长来主导。董事长、行长要尊重市场规律，要尊重商业银行运行规则，要依法合规经营。否则，很难把广发银行搞好。今后，中国人寿将与包括国家电网、中信信托在内的其他主要股东一起努力，支持广发银行遵循现代银行发展规律和市场化原则开展经营管理，不断提升市场竞争力。具体来说，一是劳动用工制度要进一步市场化，二是薪酬分配机制市场化水平要提高，三是绩效考核机制要更加科学化、市场化。做到这几点，相信可以更进一步激发我们发展的内生动力，促进各项工作上一个新台阶。

第二，要坚持稳健经营。银行是经营风险的企业，必须坚持稳健经营不动摇。从2008年以来的国际金融危机，到现在全国银行业正在开展的"两加强、两遏制"专项检查情况，以及部分机构经营中出现的各类问题来看，主要是稳健经营思想和基本指导方针出现了偏差。面对诱惑把持不住，一看赚钱机会来了一拥而上，"羊群效应"导致危机爆发，多年的经验就是这样。目前，广发在股份制同业中排名靠后，有的同志建议要走激进路线、加快发展。确实，我们要有紧迫感，但不能操之过急，必须从思想上和机制上保持稳健、防范风险。每当我们按耐不住的时候，恰恰也是风险即将来临的时候。很多看起来复杂的问题，我想来想去，就是一些基础性的工作没做好。人性的弱点是容易健忘，好了伤疤忘了痛。我们要针对人性弱点做出制度安排。

第三，要坚持对标先进。对标先进的工作要启动。今后的经营管理一定要有对标分析，坚持与股份制先进同业、主要竞争对手对标。这样才能明确我们自身的位置和努力的方向。对标时，要虚心学习，查找差距，取长补短，借鉴创新，要主动给自己加压，善于向先进同业看齐，避免自吹自擂、诋毁竞争对手。要特别强调的是，对标先进，不只是经营指标的对标，更要注重管理理念、手段、流程、体制机制等运行机制的对标。

第四，要坚持银保互动。人寿入主广发以后，将给广发经营带来前所未有的重大机遇，就是整合资源、银保互动。这是过去没有的，也是了不起的效应。中国人寿保险有近6亿有效保单客户，有52500个物理网点，如果这些网点都在卖广发的产品，会是多大的效应！人寿还有160万营销人员，仅仅是这些人的代发工资业务，就会给广发提供一大笔现金流，这还不包括交叉销售的巨大潜力。还有我们的车险，我们现在是全国第四大财产险公司，一个汽车上下游牵连多少环节呀！广发正在做的消费信贷能否和汽车保险结合？广发不是要做最高效小微企业银行和最佳零售银行吗？建岳同志曾经讲的战略都是和人寿的客户和业务结构能完全对接的。现在，我们有了资本的连接融合，就更加有条件了。只要不违反关联交易等法律法规，就要积极探索并大胆推进双方资源整合、资源共享、交叉销售、共享共赢。

此外，信息和客户的资源共享也很重要。十几年前，我们就讲信息资源共享，现在讲客户资源共享。而网络时代，这些必须都得归结到大数据、云计算和线上线下的互动。这也是我们未来的方向和愿景。我过去在农业银行时，还没有互联网，就需要多设网点，把服务触角延伸到祖国大地的每个角落，网点达到工商银行的两倍。但后来商业银行改革，又开始减员增效、撤并网点，从最高峰的6万多个减到3万个。现在任何一个物理网点如果没有电子化网络相配套，一定是要被淘汰的。所以我们一定要用"互联网+"改造传统模式，用"互联网+"创造新的经营业态。这个方向走得越快，将来越有利。这和金融业发展特点也有关。因为商业竞争、工业竞争有专利保护，可以在相当时间内差异化。

而金融业竞争同质化时间很快，比如中国人寿开发出一款好产品，别人换个名字第二天就在市场上卖了。金融业要塑造差异化优势的话，我想了半天，只有信息技术这一条可以。核心代码在我们手里，起码别人要琢磨半年或一年。这半年或一年的先机，就能让我们获得超额利润。这一点，我们信息技术和网络金融相关部门任重道远。

还有一种观点认为，银保合作、综合经营不容易成功。我也研究了一下，包括当年花旗收购旅行者的案例。在欧美国家的金融体系下，银行去收购保险，或保险去收购银行，确实成功的案例很少。但我们的金融结构与他们不同，经济社会运行体制与机制不一样。比如平安保险这几年就发展得很好呀，一个客户、一个账户、一站式服务，然后资源共享，很快就做起来了，值得我们学习。从另一个角度看，各大银行办保险公司的积极性很高，办得也不错，得到了监管机构的支持。

总之，银保互动将成为双方合作的亮点所在。我建议双方现在就成立一个工作组，研究对接具体事宜。

第五，要坚持改革创新。广发银行诞生于改革开放的前沿广东，有着"敢为天下先"的求索精神和创新传统，今后要继续加强开放、包容、进取的企业理念与文化，切实发挥"窗口"作用。从现有的组织架构、分行建设，以及整个运行体系看，改革的任务还很重。下一步，我们要立足于解决问题，逐个研究突破，坚决破除阻碍发展的体制机制壁垒，谋划好深化改革的思路和举措，全面开创广发银行改革开放新局面，为全体员工创造实现自身价值的环境、为每个管理者创造成为职业经理人的环境，持续提升跨越发展的内生动力。

同时，为搞好广发经营班子建设，中国人寿党委也深入思考。作为三地上市的公众公司，中国人寿走的是一条市场化的路，拥有良好的市场化形象。我作为董事长，主要是代表国有资本，具体管理上是聘任职业经理人，就是我们说的"委托代理制"。为此，我们下决心，让集团副总裁刘家德同志走市场化这条路，建议国务院解除家德同志的中管干部身份，让他和广发银行职业经理人一起摸爬滚打、同舟共济，共同达到胜利的彼岸。这个需要勇气，在体制内工作几十年，思维方式都习惯了，真正到市场里还要经受考验。家德同志年富力强，有丰富的金融工作经验，"游过泳"，也"当过裁判"。采取这种方式也是推动广发银行进一步市场化的重要举措。今后，我们将协调国家电网、中信信托等各大股东，只要是有利于广发银行的发展、有利于国有资本保值增值、有利于股东利益的最大化，就要精诚团结、协同作战、奋力开拓、一往无前。

  关于广发银行下一步的发展战略，我们不能盲目地往前走，避免今天提一个口号，明天想一个"高招"，这样是办不好企业的。战略也不能过于繁复，要能看得见、摸得着，凝聚人心士气、有利于落实执行。"创新驱动、综合经营、国际一流"，这12个字，是中国人寿的未来战略，已把战略动力、核心、愿景都概括了。这几年战略执行已经初见成效：创新驱动机制开始起作用了；保险、资管、银行三大板块共同组成的综合经营架构已经形成；资本筹集运营的国际化已经实现，现在保险业务的国际化也成效显著，我们在香港、澳门、新加坡都成立了子公司；资产经营的国际化已经起步，在纽约、伦敦建立了代表处，收购海外资产做得也不错。以上举中国人寿保险的例子，就是让我们对发展战略高度重视，简洁表述，便于操作。这次会后，我们要结合新的形势，重新审视以前的发展战略，看看哪些还要坚持，哪些需要补充，哪些需要调整，请各位董事和高管，认真思考，献计献策，形成共识。

  就讲这么多，仅供参考，谢谢大家！

让保险真正成为有效的保障机制

——访中国人寿保险集团董事长杨明生

（2014年10月）

魏革军：感谢您接受《中国金融》杂志的专访。2006年国务院出台了《关于保险业改革发展的若干意见》（下称"国十条"），时隔8年，2014年8月，国务院颁布了《关于加快发展现代保险服务业的若干意见》（下称"新国十条"），作为保险业的资深参与者、实践者、变革者，首先请您谈谈对发展现代保险服务业的认识。

杨明生："新国十条"是党中央、国务院在新的历史条件下，着眼于经济社会发展全局所作出的重要战略部署。"新国十条"站在国家治理体系建设和经济社会发展整体布局的高度，对保险业重新定位。"新国十条"提出，保险是现代经济的重要产业，是社会风险管理和财富管理的基本手段，是提高保障水平和质量的重要渠道，是改进公共服务和加强社会管理的有效工具，从国家治理层面界定了保险在整个国民经济和社会管理中的全新地位和支柱作用。这一定位将保险业发展提到了前所未有的战略高度，也赋予保险业一份神圣的使命。同时，"新国十条"站在推动保险大国向保险强国转变的高度，赋予了保险业新的巨大发展空间。不仅提出了2020年保险深度和保险密度的量化目标，还绘出了现代保险服务业发展的清晰路径，提出了保险业参与改革发展和社会进步的一揽子解决方案，为保险业大发展开辟了更大的发展空间。此外，"新国十条"站在全面深化改革的高度，提出了促进保险业发展的全新理念，提出了切实可行的方针政策和战略举措，进一步增强了保险行业的发展动力。

发展现代保险服务业意义重大。结合行业实际和自身经历，我有以下几点体会：

第一，助力政府"管理到位""放手到位"。在全面深化改革、实现国家治理能力现代化的伟大历史进程中，保险业肩负着党和国家的重托、责任和使命。要通过全面实施保险改革的政策措施，让保险真正成为社会经济运行管理的一种重要机制和保障。一方面，保险业可以辅助社会管理，帮助政府"管理到位"。比如在食品药品安全、安全生产、环境污染等社会风险管理中引入保险机制，可以有效预防和化解社会矛盾，维护社会公共利益。另一方面，保险业可以在能力范围内承接公共事务，帮助政府"放手到位"。运用市场机制，把一部分养老健康保障、灾害救助等由政府承担的责任让渡给保险业承担，可以在降低政府管理成本的同时，提高政府运行效率。

第二，推动经济提质增效升级。当前，我国面临经济增长速度换挡期、结构调整阵痛期、前期刺激政策消化期"三期"叠加的态势。保险业作为现代经济的重要产业，集生产性和生活性服务业于一身，兼具资本密集型、技术密集型和劳动密集型的产业特征，将成为我国经济发展新的增长点和生力军。可以发挥保险资金长期投资的优势，积极参与重大基础设施、棚户区改造、城镇化建设等民生工程和新兴产业发展；稳定人民群众的消费预期，扩大内需，推动我国经济转型。

第三，发挥好"稳定器"的作用。我国正处在改革发展的关键时期，经济社会发展面临的矛盾问题和风险因素错综复杂。保险业可以成为国家风险管理的基本手段，在创新社会治安方式、保障社会稳定运行、维护和保障国家实现现代化等方面，发挥更大的"稳定器"作用。"新国十条"关于保险灾害救助体系的明确建立，为保险业深度参与经济社会的安全运行指明了方向。

第四，切实健全社会保障体系。当前，我国面临的社会保障压力很大，养老健康问题成为我国经济社会能否转型升级的关键因素。"新国十条"恰恰回答了这个问题，把"创新养老保险产品服务"和"发展多样化健康保险服务"提升到构筑民生保障网的新高度，赋予商业保险"社会保障体系重要支柱"的地位，为保险业参与社会保障体系建设打开了新的空间。

"新国十条"为现代保险服务业的发展开创了良好的局面，但要让政策真正发挥效力，关键还是要把政策落实好，某些方面还需要政府的权威推动。应按照党的十八届三中全会《关于全面深化改革若干重大问题的决定》精神，注重发挥市场的决定性作用，更好地发挥政府作用。该由市场发挥作用的地方交还给市场；在市场不能有效发挥作用的地方，需要政府义不容辞地承担责任，如加强监管、规范市场行为、维护市场公平竞争和消费者权益等，从而更好地助力保险业的健康持续发展。

魏革军：与"国十条"相比，"新国十条"给保险业带来了哪些机遇，中国人寿要如何更好地把握这些发展机遇？同时，面临的新挑战有哪些，应该如何应对？

杨明生：与2006年的"国十条"相比，"新国十条"最大的不同在于对行业的定位。前者的视角是关注并解决自身发展；而后者是把保险业的发展放到实现国家治理两个"现代化"的大框架下、把发展现代保险服务业放在经济社会发展的整体布局中统筹考虑。可以说，"新国十条"是保险业的最大政策红利。

一是把保险作为一个重要基础制度来考虑，明确且具体地提出开展食品安全、医疗责任方面的强制责任保险试点应属首次，是重大的政策利好。中国人寿将着眼长远，秉承国有金融企业的担当意识，率先发展，率先突破，实现社会效益和经济效益的统一。旗下的财险公司将积极参与，做好人才储备，提前做好风险数据分析，积极学习、借鉴国际先进的风险评估与管理经验及技术，积极探索通过保险手段提高各参与主体的风险发现和管理能力，进而促进全社会风险管理体系的建设和完善。

二是"新国十条"把"创新养老保险产品服务"和"发展多样化健康保险服务"提升到构筑民生保障网的新高度，赋予商业保险"社会保障体系重要支柱"的地位，并清晰界定了商业保险在社保体系中扮演的三个角色，分别是：第一支柱，社会保险市场化运作的积极参与者；第二支柱，企业发起的养老健康保障计划的重要提供者；第三支柱，个人和家庭商业保障计划的主要承担者。"好风凭借力，乘势上云霄。"中国人寿将抢抓政策机遇，借助税收优惠东风，大力发展健康养老保险业务；积极推进健康管理、养老养生产业的发展，加快区域布局和产品线布局；加快推进大病保险及医疗经办等政策性保险业务的发展。

三是"新国十条"的亮点是提出了农业保险体系建设的问题，对各级政府主体在"三农"保险体系中的分工和发展方向给予了明确规定，同时提出了比较具体的农业保险创新要求，如开展农产品目标价格保险试点等。这不仅肯定了近年来我国"三农"保险的创新实践，也为"三农"保险产品和服务创新指明了方向，为商业保险机构有计划、有重点地参与其中创造了条件。中国人寿将积极协调监管机构，争取农险资格准入范围和准入领域的迅速扩大；加强自身产品开发、创新力度和乡镇网点建设及人员培训，着力提高产品的针对性及农网服务能力与服务水平，为迎接政策红利做好准备。

四是明确了现代保险服务业要成为完善金融体系的支柱力量。与前者"鼓励保险资金直接或间接投资资本市场、逐步提高投资比例"相比，后者为保险资金在资本市场和货币市场的发展提供了全新空间。投资范围非常广泛，设立不动产、基础设施、养老等专业保险资产管理机构，不仅可以设立公募基金公司，还允许专业保险资产管理机构设立夹层基金、并购基金、不动产基金等私募基金。中国人寿将抢抓"新国十条"为保险资金运用带来的机遇，大力探索创新投资模式，加大资金支持力度和保险服务创新，形成多元化盈利模式。

面对新的政策红利，我们保险行业能否抢抓机遇，加快发展，建设具有国际竞争力的现代保险服务业，关键还是要看自己。否则，无论外部政策和环境多好，我们自己如果不努力实现生产力的有效转化，就只能是望梅止渴、画饼充饥，差距反而会进一步拉大，市场竞争力反而会进一步削弱。这是行业当前面临的最大挑战。

魏革军：当前，中国经济正面临转型升级的"新常态"。与前些年相比，我国银行业所处的经营环境比较严峻，但总体上感觉，我们保险业面临的压力似乎要好一些。请您谈谈，在新常态的发展环境下，保险业是不是也像银行业那样面临许多新的挑战？

杨明生：对于经济发展"新常态"，我认为，它的一个重要特点就是更接近市场，是市场机制主导条件下的发展态势。目前，我国正处在向"让市场机制发挥决定性作用"这个目标迈进的过程中，其中最重要的就是要建立一种有效的"市场机制"。就我国金融市场的特点而言，银行业的发展要先于保险业，这是我国整个市场经济推进过程中的规律，这种发展态势在特定历史时期也发挥了重要作用。随着我国温饱问题逐渐解决并向小康生活迈进，人们对安全性的要求也在逐渐提升，保险的保障功能也就显得越来越重要。

保险的原理是基于大数法则，传统保险是在"赔付差"中赚取经营利润；而现代保险业逐渐把保险产品异化为混合型，既有保障功能又有投资功能，这种趋势已经形成并且难以逆转。但与西方发达市场相比，我们的保险市场还没有足够成熟，我们的保险产品在保障功能还没有发展完备的情况下，其投资功能已经发展起来了。原因在于，这种具有投资功能的保险产品迎合了中国现在整个中产阶级崛起对投资的需求。目前，我国约80%的保险产品都是投资型、储蓄型产品，保险本身的保障功能并不突出。下一步，如果保险产品的保障功能能更好地发挥出应有的作用，其对于银行理财产品的竞争力就会显现出来。"新国十条"重大政策利好的颁布，以及税收等政策支持的进一步完善，将把保险产品潜在的保障需求真正呼唤出来。今后，保障型保险产品，如"递延养老保险"等会有新的大发展。

保险资金的一个重要特点是周期长，因而它能对经济提供长期资金支持，适合进入一些中长期大项目。保险资金有资本性，类似于银行的中长期债务，避险需求强，主要追求安全稳定的回报，而不追求高风险、高回报。中国人寿与苏州市政府合作设立的"苏州基金"，可以说是一种全新的保险资金运用模式探索。该基金既有股的性质又有债的性质，说有股的性质是指可以充作资本金，还可以申请银行贷款；说有债的性质是指要还本付息。目前来看，该基金较好地发挥了保险的投资功能。

保险资金的风险形式与银行也不一样。银行资金是分级经营的；保险资金是统一经营，某种程度上看，由于能够集中人才和管理资源进行统一管理，应该更有利于资金的风险管理。需要警惕的是，保险资金不宜进入高风险投资领域，要从根本上防止对投保人的偿付能力不足的问题。保险的风险一般不会在它的负债方产生，而是在资产方产生，所以说保险业的资金放开以后，资产负债管理就显得更加重要。

魏革军：目前，中国人寿已成为我国最大的商业保险集团，旗下拥有中国人寿保险股份有限公司、中国人寿资产管理有限公司、中国人寿财产保险股份有限公司等多个子公司，业务涵盖寿险、财险、资产管理和投资等多个领域，请问，中国人寿集团如何协调多元化的业务发展，更好地为实体经济服务？

杨明生：作为综合性金融保险集团，能否在"新国十条"颁布后实现新突破，能否在服务国家治理体系和治理能力现代化中取得新成效，关键是找准保险业服务实体经济的契合点，明确主攻方向，布局重点领域，为促进产业结构调整、支持经济创新活动、推动城镇化和农业现代化等方面贡献积极力量。

具体来讲，一是积极参与社会保障体系建设，大力发展养老健康业务，主动做好新农合、城乡居民大病保险的受托经办工作，提高人民群众的养老健康保障水平，使群众敢于拿出钱来消费。积极参与环境污染、食品安全等试点责任保险，减轻生产企业的风险管理压力，提高社会治理能力，完善社会管理体系。大力发展"三农"和普惠保险业务，扩大小额保险覆盖面，加快小额信贷保险发展，完善农业保障体系。

二是做好实体经济发展的"助推器"。资产端方面，发挥资金长期投资的优势，积极参与重大基础设施、棚户区改造、城镇化建设等民生工程和新兴产业发展，优化资金配置，提高投资收益。在合规管控风险的前提下，通过股权、债权、基金、资产支持计划等多种形式，为科技企业、小微企业等发展提供资金支持。加强资产管理机制和业务创新，以更加灵活的方式参与民生工程和国家重大工程建设。负债端方面，大力推动科技保险发展，为科技创新提供保障，降低创新风险，推进科技创新，促进产业升级和新兴产业发展。发展信用保证保险，化解中小企业融资难题，更好地发挥中小企业在科技创新中的重要作用。

魏革军：2003年，中国人寿保险股份有限公司分别在纽约和中国香港上市，2007年回归国内A股上市，成为国内首家"三地上市"的金融保险企业。中国人寿保险集团也成为我国最大的商业保险集团。作为保险集团的掌舵人，应如何把握当前保险业面临的国内外复杂局面？如何在保持市场地位的同时做好转型升级？

杨明生：2003年，我们寿险公司分别在纽约和香港上市，2007年回归A股。十年来，我们不断实现新的跨越。一是实现了资本经营的国际化。寿险公司是国内唯一在全球三地上市的国有金融企业，一度成为全球市值最大的上市寿险公司。二是实现了保险综合经营的战略布局。从单一的寿险公司，发展为涵盖寿险、财险、企业年金、资产管理、基金管理、信托、实业投资、电子商务、海外业务等多个领域的综合性保险集团，为进一步向综合金融集团发展奠定了坚实基础。三是实现了公司体制机制的重要转型。寿险公司按国际国内上市监管标准建立了规范的公司治理结构和内部控制体系，其他子公司也都逐渐建立起现代企业制度，朝市场化的体制机制迈出了重要步伐。四是实现了集团整体实力的大幅提升。2013年，集团合并保费收入为3868.08亿元，是2002年的3倍。集团合并总资产达到2.4万亿元，是2002年的8倍。

过去十年，伴随着中国经济的快速发展，我们实现了"做大"的梦想。展望未来，尽管当前错综复杂的国内外形势给保险业发展带来了很大的挑战，但随着"新国十条"的颁布，我们有信心、有决心、有能力创造中国人寿的第二次辉煌。在进一步"做大"的基础上，着力完成"做强"的历史使命。其中，最重要的就是在保持市场领先地位的同时，做好改革创新、转型升级，推动业务结构持续优化。

我们要着力打造"升级版"的中国人寿。首先，以业务结构的转型为基础，大力调整、优化业务结构，努力提高长期限、效益型业务的占比。今年，中国人寿允许贴费型规模保费有一定程度的负增长，目的就是退一步进两步，让基层能够休养生息，腾出手来调整业务结构。

其次，着力提高发展质量和效益，努力实现从规模速度型向规模效益型转变。速度、规模与质量、效益之间是矛盾的统一、动态的平衡，当速度、规模问题突出时，我们抓了这一主要矛盾，及时提出"三分天下有其一"的目标要求，在特定时期发挥了应有作用，并为转型升级赢得了时间和空间；但当速度、规模问题缓解，而矛盾的另一面突出时，我们就要义无反顾地将质量、效益作为主要矛盾来抓，大力提升业务价值。再次，以管理方式的转型为保障，努力实现从粗放式管理向精细化管理转变。从资源分散利用、各子公司单打独斗，向资源整合利用、提升集团整体竞争力转变。最后，以技术手段的转型为支撑，通过技术现代化，努力实现从传统保险企业向现代金融高科技企业转变。

我们还要持续推动结构调整。我们的结构调整是点刹车，不是急刹车；是转大弯，不是转急弯。要坚守三条底线：不能产生流动性风险，不能失去市场领先地位，不能出现业务大起大落。只要不危及、不触及这三条底线，结构调整就要大力推进。寿险公司要坚持向规模效益型转变，大力发展期交特别是长期期交业务。财险公司也要调结构，通过大力拓展农险、责任险等新领域，逐步提升非车险占比。养老险公司突出发展创费能力强、内涵价值高的投资管理业务和集合计划业务，推进产品创新，提升业务品质。

魏革军：前面谈到，"新国十条"指出了进一步推进保险资金运用改革、发展和创新的主要方向和要求。中国人寿通过保费收入等积累了大量的资金，请您详细谈谈中国人寿在这些资金运用方面的创新。

杨明生：作为国内最大的机构投资者之一，中国人寿愿意积极参与到民生工程和国家重大工程的建设中，创新资金运用方式，支持实体经济发展，把更多的资金投入战略性新兴产业和重大的基础设施，为经济转型升级作出贡献。

研究表明，城镇化率每提升1个百分点，地方政府公共投资需求将增加5.9个百分点。2020年城镇化率将达到60%，由此带来投资需求约为42万亿元。中国人寿在充分总结"苏州基金"成功经验的基础上，发挥保险资金长期投资优势，不断创新投资模式，积极参与新型城镇化中的保障房、公租房建设，为新型城镇化建设贡献一份力量。通过发起设立城市发展建设股权投资基金、债权投资计划等形式，支持科技创新和重大基础设施建设。

随着互联网和移动终端的普及，电子商务等新型消费市场和物流产业有着巨大的发展潜力。目前，公司已经投资了阿里巴巴、京东商城和顺丰快递等国内电商和物流行业中的龙头企业，在股权合作基础上，进一步拓宽合作领域，把保险、电商和物流结合起来，探索新型服务模式。

我们要进一步强化发展专业资产管理机构，完善集团投资体系，借助"新国十条"的政策机遇，加强培育股权、不动产、养老养生等专业团队的投资实力。在集团的统筹协调下，进一步整合优化投资团队。

同时，积极开展业务创新，形成多元化盈利模式。创新投资模式，抓紧培养相关人才队伍，突破有限合伙人参与基金投资项目的限制，探索设立夹层基金、并购基金、不动产基金等私募基金。引入外部资金，作为普通合伙人，参与投资项目以及项目经营管理，赚取管理费收入，形成多元化的盈利模式。

魏革军： 成功的企业离不开优秀的企业文化与良好的企业形象，中国人寿经过多年发展树立了良好的品牌，请您谈谈中国人寿在企业文化与品牌建设方面的理念与举措。

杨明生： 当代企业间的竞争，既要靠企业的资产、机构、队伍等硬实力，更离不开企业文化、企业品牌、企业管理等软实力的比拼。企业软实力的诸多因素中，包括企业文化、品牌在内的文化软实力居于突出位置，是企业不可复制的核心竞争力，是企业可持续发展、基业长青的根本保证。

我们在发展过程中着力加强企业文化建设，并注重企业文化的传承性，"一张蓝图画到底"，将经得住实践检验、长期积淀下来的优秀企业文化提炼、继承并发扬光大。基于此，中国人寿在总结近年来企业文化建设成果、广泛征求意见的基础上，重新确立了以"成己为人，成人达己"为核心理念的企业文化体系，它的内容十分丰富，可以概括为"三个一":一个理念、一个梦想、一种精神。"一个理念"即"成己为人,成人达己"的"双成"核心理念,是我们共同价值观的集中体现和各项工作的行动指南;"一个梦想"即做强中国人寿、建设国际一流金融保险集团的"国寿梦",它反映了公司的目标、追求和愿景,是凝聚全体员工共识的精神依托;"一种精神"是指"特别能吃苦、特别能战斗、特别能协作、特别能奉献、特别守纪律"的精神,是中国人寿广大员工和营销员在攻坚克难、奋力拓展的奋斗历程中历练出来的宝贵精神品质,也是支撑未来"国寿梦"的强大精神力量。

在品牌建设方面,我们初步形成了集团化的品牌管理体系,成立了品牌宣传部,强化了品牌资源统筹整合。集团聘请姚明作为全球形象代言人,"相知多年,值得托付""要投就投中国人寿"等宣传广告用语家喻户晓。通过举办"1083"圆梦地震孤儿公益行动等大型品牌活动,中国人寿取得了良好的品牌传播效果。同时,中国人寿还积极承担行业和社会责任。集团在金融行业首家发起成立了在民政部注册的中国人寿慈善基金会,2003年以来累计捐赠资金超过4亿元。中国人寿已经连续12年入选《财富》世界500强,今年首次进入前100强;连续7年入选世界品牌500强,品牌价值达到1700多亿元,在国内保险行业中蝉联第一。可以说,中国人寿已成为我国保险业最具国际影响力的品牌,也是我国金融保险业最具知名度和影响力的品牌之一。

选好投向　服务主业　保值增值[①]

（2018年1月30日）

同志们：

　　大家上午好！我记得四年前可能也是这个时候，也是在这个地方开会，我做了一次讲话，那次讲话跟现在这次有一个质的不同。当时，国寿投资公司还是一家内部的管理留存资产的公司，从某种意义上说也是一个处理不良资产的公司，为中国人寿在纽约、在香港、在上海上市作出了重要贡献，诞生了目前全球市值最大的寿险公司，在这一点上我们国寿投资功不可没。但是到2014年的时候，历史功绩画上了一个句号，我们与时俱进，开始全面转型。当时我的讲话主题就是"全面转型"，要把一家处置留存资产的公司转型为面向市场开展新业务的资产管理公司。我讲了方向、目标、路径、措施，提出了要求，其中很重要的一条是提出了我们的大健康、大养老战略，讲"三点一线、四季长青"，我记忆犹新。今天华良副总裁做了演示，养老养生基地已经由我们过去的一纸规划蓝图变成了现实，到2018年底，部分养老养生基地就可以开张营业了，可喜可贺。

　　这几年我们走过了一段不平凡的历程，公司由系统内部处置留存资产的公司成功转型为一家管理资产规模达到3500亿元的资产管理机构，并且跻身于领先的另类投资公司行列，取得的成绩在市场上有目共睹。特别是在"大健康、大养老、大资管"总体战略布局中，国寿投资是大

[①] 在国寿投资公司2018年工作会议上的讲话，根据录音整理。

健康、大养老战略的实施主体，公司一批精品项目在市场上产生较大影响，我们的投资业绩一年比一年好，回报可喜，令人欣慰。

回顾2017年，国寿投资公司工作呈现四大亮点：

第一，大客户拓展成效显著。特别是在支持国家产业政策、支持债转股、支持供给侧结构性改革方面，我们成为领头羊，重点关注"国之利器、民生之本、产业之先"，彰显责任担当。我们积极参加国企的大型股改、债转股，特别是连通项目，我们得到了国务院领导同志的好评。我们还投资了中粮、中交、百度、菜鸟、华为、普洛斯、中船重工等，抓住了重点，实现了政治上得分、经济上得益，这是最大的亮点。

第二，市场化改革迈出关键步伐。国寿投资转型成败的关键在于市场化这一步迈得怎么样。按照中共十八届三中全会精神，市场在资源配置中起决定性作用。市场主导下的经营机制开始逐渐形成，作为三大平台之一的大健康基金先行先试。在此，我要重点表扬万谊青总的敢于担当，大健康团队独立运作，把整个员工关系纳入人才中心，切断和老体制的关系，告别老体制，走向新市场，开拓新领域。大家精神鼓起来了，腰包也鼓起来了，为市场化改革开了一个好头。我们本部也在加紧推进市场化改革，已经初见成效，因为年轻同志们希望加快市场化改革，不希望在老体制里熬年头。我们要走向新体制、开拓新领域、取得新成效。

第三，品牌形象持续提升。国寿投资公司品牌形象与国寿集团发展战略高度契合，屡获国际国内大奖，凸显了中国人寿的品牌价值，提升了中国人寿另类投资的国际影响。这些奖牌就是品牌，品牌就是无形价值，品牌的无形价值可以创造有形价值。集团品牌价值目前是2800亿元，比工行还多出好几百亿元，是农行的二倍还多，这是因为大家看到了我们的价值成长。

我在中国人寿的前三年重点是做好战略，战略部余贤群应该很自豪，因为我们的战略已经基本成形。我们的战略很好记：第一是创新驱动，第二是综合经营，第三是国际一流。创新驱动是我们的总战略、动力源，综合经营是我们的基本标的和目标，国际一流是我们的战略愿景，现在基本都实现了。我们集全集团之力加大投入，连续开了两年品牌工作会议，目的就是建设我们的软实力。现在大家都感受到了这沉甸甸的2800亿元的品牌价值，现在一招生，一挂出"中国人寿"招牌，那么多海内外重点高校的优秀青年来竞争一个岗位，这就是品牌价值在发挥作用。

第四，留存老业务显现新生机。原有企业积极融入国寿投资公司整体发展格局，转变思想，积极有为，重新焕发出勃勃生机。位于佛教圣地的九华山庄，云南的绿洲大酒店，在经营上开始好转。四川成都的绿洲大酒店因为硬件关系无法与五星级酒店竞争，但区位很好，最适合改成养老中心。还有广州海洋馆，每年能提供3000万元左右的利润。我们把过去的不良资产都盘活了，所以就带出一个亮点：老业务显现新生机。

在中国人寿"大健康、大养老、大资管"的战略布局中，国寿投资公司是"大健康""大养老"战略的实施主体，是"大资管"战略的重要组成部分，国寿投资公司需要围绕中国人寿整体战略，实现二次转型升级，成为专业化、市场化、国际化的一流另类投资管理公司，为中国人寿作出更大贡献。大养老、大健康和境内外另类投资业务是我们的转型核心，这几件事是我们国寿投资的重中之重，把这几点办好了，我们就前途无量。

第一，关于养老基地建设

我今天要深入讲一下怎样把养老基地建好。前年我去日本参观了当地的一些养老设施，十年前我去台湾参观过王永庆建的高档养老设施。前几天我看了远洋集团的养老基地——椿萱茂，椿是父亲、萱是母亲，让他们活的安康、茂盛，所以叫椿萱茂。我看了以后很有感触，要搞好养老基地、把它产业化，一定要抓好以下四点。

一是区位。区位太重要了，武夷山位置好，但不是好的养老区位，而是度假村的区位，是旅游胜地，适合年轻人背包去住，但如果把老人集中到深山老林，远离尘嚣，这不符合中国文化习俗。中国养老基地要体现出中国文化特色。中国文化没有宗教情结，但有宗祖情结、家庭情结、亲人情结，还有故土难离情结。我参观了日本的一些养老机构，也参观了远洋集团的椿萱茂，都是靠近城区的。我到日本的札幌去，冰天雪地，养老中心也在城里，离城区近一点、离亲人近一点、离医疗机构近一点，老人才能感到心理上安全、行动上便利、理念上融合，所以区位很重要。有一年我到大连一个地方参观，是非常好的风景区，但是没有人烟、很不便利，所以不能作为养老养生基地。这就是区位的重要性，四大要素首先是区位。

二是投资。如果得不到土地政策优惠，重资产模式很难收回投资。目前做的最好的养老基地是海南海棠湾，最大的优势在于政府给了一块商业用地，可以先把商业住房卖掉，相当于白赚一个养老基地。因为这是薄利产业，我们一边做商业一边做慈善，没有做慈善的心做不好养老事业，我们从事的是给中国人寿积德的事业，给子孙后代留美德的事业。如果海南没有政策支持，那我们应该如何制定收费标准？我看一个客户一年不消费100万元，我们是难以达到收支平衡的，又有多少人一年能拿出来100万元？真拿得出来100万元，他也就不到这里来养老了。

远洋集团主业就是开发房地产，但如果远洋集团自己拿地盖楼做养老基地，就会严重亏损，所以远洋集团另辟蹊径，看城区哪个楼破，就租下来进行装修改造。远洋集团在北京的几个项目都是这样的，成本很低，三年就能收回成本。远洋集团非常有远见，他们在房地产行业"降温"以前，及时转向养老产业（"夕阳群体，朝阳产业"）。远洋这一步转型很成功。

当然，我们也可以考虑轻资产模式，但重资产是我们现在投资的主线。我看到苏州阳澄湖养老基地美丽的雪景后心情很复杂，这就是人间仙境。但我们能够盈利吗？恐怕得让那些老人们每年拿一两百万元才能维持收支平衡。我的分析是十年内难以盈利。十年内不盈利怎么办？那就得互动主业，就得"保险+养老"。远洋集团没有保险，就是走轻资产模式，并且成功了，成为朝阳产业，还在全国布局。所以我提出问题来，今后我们选址的时候，偏远的地方就不要去了。在地价优惠的基础上，以中产阶级偏上群体能够接受的支付价格来定价，并且愿意住进来，三年到五年能实行盈利，这个养老基地项目就成功了。如果没有地价优惠单纯做商业地产，我们干不了，所以还是要在土地价格上做文章。海南海棠湾项目是最成功的模式，但很难复制，海南给了我们一块商业用地来卖，卖完以后相当于白赚一个养老基地，而且位置很好，商业住宅定价再高点都可以。

三是服务。养老基地是养老服务场所。我们的核心竞争力不在投资在服务。很多中国人说有钱到日本养老，日本的养老服务精准、精细、人文关怀充分，不同年龄段都想到了，而我们要做到这一点很不容易。远洋集团做得不错，虽然设施一般，但是很温馨。远洋集团以失智养老为主，我原来以为失智者是八九十岁的老年人，结果还有六十多岁的年轻人群。这里面有三种人：专家、教授和科技工作者。有一个85岁的老人是中国科学院电波研究所的所长，他跟我聊天，告诉我怎么研究第一颗原子弹，研究什么部位，怎样参加爆破，他都记住了。他旁边有一个原子弹模型，有冒烟的火车放在这里，都是他当年的景象。但他对高铁一无所知，年轻时候的事情都记得很清楚，但现在的事情都记不住，这个老人就是典型的失智老人。还有一个失智老人，她能指挥大家唱《南泥湾》等经典老歌，很多老人都能一个字不差地唱下来，但是当下流行的新歌都不会唱。通过回忆来治疗失智老人，这就是美国著名的内奥米·费尔（Naomi Feil）女士的认可疗法。昨天晚上我看内奥米·费尔《认可》（新华出版社2017年出版）这本书看到了夜里一点半。所谓认可疗法就是顺着你来，先认可你然后再给你治疗。根据马斯洛心理学金字塔，把失智老人的需求排列顺序，通过多个案例重新进行了升华，这个疗法在美国非常成功。远洋集团养老基地就是运用这种认可疗法服务老人。

养老基地最后的核心竞争力是服务。我不担心我们建的楼多么漂亮，最担心的是能不能把服务水平提上去，宁可多花钱也要把服务做好。我们不能自己做服务，要在市场上购买服务，把服务做到位。还要建立起我们自己的服务团队，要把长沙保险学院改造成一个专门培养护理专业人员的学校，定向招生，大有前途。现在，即便是知名院校的毕业生都就业困难，长沙保险学院的学生毕业分配更是个难题，所以要转型。我跟远洋集团负责人交流，他们认为做养老产业最难的地方在于能够找到有足够爱心的护理人员。我们普通人护理老人一个小时行、一天行，但常年护理却非常不容易，这要有很好的性格、爱心和耐心，所以要通过专业的学校来培养，你们要加紧研究。这种护理人员需求很大，未来一定是高收入人群。护理对象主要有几种类型：第一种是走动型的，第二种是半护理型的，第三种是全护理型的。养老工作要把服务作为重中之重，一定要按照纯市场化的运作服务，要招标，要优中选优。

我们基地的硬件绝对属于世界一流，世界上其他养老机构不可能像我们这样把苏州项目建成"小桥流水人家"，天津项目也建得非常豪华。我担心的是我们的软件、我们的服务。

四是品牌。我们如果把以上三点都做好了，那就要看我们的营销能力了。要会营销、会包装、会提升，有了品牌就能做大，做到远近知名，消费者慕名而来，排队入住。

对养老基地建设，我今天不只是讲话，是点评加讲话。我归纳一下，就是一定要抓住重中之重。我们的养老基地马上就要开业了，一定要做到服务第一、安全第一，维护好我们的品牌形象。今天，集团产品部、投资部负责人都来了，要开发保险产品进驻养老基地，这点非常重要，我们要重点加强。保险产品一定要加进去，否则我们就和远洋集团一样，不用搞重资产，搞轻资产就可以了。所以要不忘主业、提升主业、延伸主业，开发新产品进入我们的养老基地。投资做得再好，也不要忘了我们是一家以保险为主的综合经营集团，主业是保险，一切都得围绕主业进行。否则，牌照再多也没有意义，养老基地建设不能脱离主业，脱离主业的服务项目再赚钱也不干，不要以为你什么都能干，这是不可能的。

今天精算部也来了，你们算一算，如果入住老人的现金流断了，怎么办？杨华良说我们得建立一只慈善基金，在我们养老基地交不起床费的，要给予救助。我认为，我们应当设计一款保险产品，消费者购买一个付年金的保单，入住养老基地的时候不用交钱，把保单一放就可以了，保单产生的现金流直接付给我们的养老院、养老基地，如果能设计出这种产品就很好。目前，这种产品我还没有听说过，但是总体上说的过去，可以研究研究。比如说，这个月单位给我退休金一万元，保单还有两万，是我的养老保险，这个养老保险给了中国人寿，然后我到苏州去养老了。这是我的一种思路。以上讲的是关于养老基地的建设问题。

第二，关于大健康

大健康基金的建立，由集团主导很有必要，目前运作得很有成效，也积累了一定的经验。刚才谊青同志讲到，大健康基金运作暴露了一定的风险。这给我们做了很好的提示。

大健康基金怎么建，最重要的还是要和养老基地一样，紧紧围绕主业，提升、延伸主业，要紧密地和主业互动。主业互动不能单方面互动，要加强组织协调。我建议在集团层面成立大养老、大健康工作委员会，办公室设在集团投资管理部。因为这是一个投资环节，真正起作用的还是投资部，要把头牵起来，否则业务不好牵。要把大养老、大健康工作委员会做起来，这个事很有必要，要加强宏观指导，协调重大方针的确定，要加强这方面的研究，办公室要设在投资部。采取这种组织形式来促进大健康基金从主业的高度互动融合，使其健康稳步发展。

大健康基金的领域很宽，要坚持"有所为、有所不为"的方针，不以追逐单纯利益为目的，而以产生大的协同效应为目标，要形成"1+1>2"的效果，这是最重要的。投资赚了再多的钱，如果把主业丢了就不能算是成功。

我们的养老基地马上要开业了，健康医疗要对接好养老。同业的经验并不成功，也在不断探索。老人在基地中一旦生病，要确保马上送到我们的定点医院。这就需要我们通过资本的连接，通过签协议的方式将诸如我们收购的太钢医院作为我们定点的公立医院。借助我们投资的华大基因，做一些医疗方面的产品创新，这是我们的期待，也是国家的期待。

我2017年到香港参观，他们的诊所做得不错。香港诊疗体系跟内地不一样，他们是社区诊疗、人文关怀、医疗服务都很好，不存在就医难的问题，找到诊所就找到了医院。到诊所检查，出现问题，诊所会帮你联系医院，处理相关手续。内地、特别是北京的优质医疗资源紧缺，医患矛盾比较突出。所以给我们的启示就是要把香港的医疗模式引到内地，现在已经在南阳医院试点做起来了，就医环境好、服务水平高，一旦这种模式在南阳成功了，就具备了可复制性，那就是为中国人办了一件大好事，解决了定点医疗的问题。

大健康基金要把服务主业和开发医疗产品的问题解决好，做到"保险+医疗"，真正具备中国人寿的特质。今天各利益相关方都来了，大家一起努力，做个亮点产品出来，可以先行先试，我们马上开业就会面临这个问题。大健康要学会做增值服务，还要开发其他产品。这是我点评的第二个问题。

第三，关于加强另类投资的问题

另类投资今天汇报了一个方面，重点讲了国际投资。国际投资通过股权投资的方式，取得了宝贵的经验，成果来之不易，也得到了世界上一些先进、知名投资机构的认同，得到了同业的称赞。

我们的成功总结起来有三个词：借船出海、搭车发财、抱团取暖。刚才刘晖总结的借船出海、借鸡生蛋、借梯登高也非常对。要借船出海，跟国际知名公司合作，搭车发财，最后是抱团取暖，大家都遵守底线、做好风险防范，共同应对市场风险，然后取得多赢。

在现在的国际形势下，我们面临一些挑战。一方面是美联储还会进一步加息，另一方面是特朗普的减税政策。特朗普在这次达沃斯论坛上大谈业绩，美国多少年没有出现的充分就业在他任内实现了，美国那么大的经济体实现了3.89%的经济增长，很不容易。下一步美元将回流美国，减税以后财政肯定会出现赤字，所以会出现美元贬值，会带来人民币升值，给我国出口带来挑战，倒逼我们产业升级。我们要争取在产业升级过程中抓住投资机会，实现内外联动。

国内方面也在减税，供给侧结构性改革也在不断推进，对冲美国给我们带来的负面影响。我们的外汇管制也有新的措施，要发挥海外公司的窗口效应。海外公司有大量的外汇需要配置，会议之后，你们入会的各部门领导要与海外公司领导对接一下。欧美还有机会，伦敦、纽约代表处要多提供信息、多做项目，要吸取同业教训，重点把握"看得见、摸得着、跑不掉的"项目，要把握大势，乘势而上，抓住机遇，选好项目。

另类投资要主要配置在国内。重点把握产业升级、重点区域和国家重点工程以及供给侧结构性改革中，国有大中型企业转型升级当中的债转股项目。投资中要高度关注房地产领域的风险，房地产领域回报率高，但要重点关注政策风险和法规风险。一定要回避风险投资领域，要审慎选择股权投资，避免进入高风险领域，要全面评估代理人风险。我现在很重视代理人风险，对代理人的品牌、信誉要全面评价。现在，国寿资本公司重新运作，原来主要是LP，现在也作GP，在项目选择上要慎重。我们要重点与体量相当的有影响、有实力的大机构强强合作、强强联合。之前，我们与建设银行、中国银行合作的几单效果很好，因此要与我们的优质标的物关联度高的机构加强合作，比如中国银行和中船重工的关联度就很高，这方面要加强。

特别要注意，不进入去产能的夕阳产业，如煤炭等去产能的企业。我们要自主选择，不进入这些领域，包括这些领域的一些技改大项目。

要总结与地方政府合作的经验教训。特别是总结我们与云南政府的经验。因为盯得紧、抓得紧、有理有据、依法合规，所以不但取回了本金，而且还有良好回报。如果盯不紧、抓不住，这个项目就有问题了。很多项目并不是我们想象的那样没有风险，而是有人兜底，所以区位的选择非常重要。在区域选择上，除了长三角、珠三角、环渤海、粤港澳大湾区以外，其他地区要慎重选择。特别是二线及以下的城市，要慎重选择。我们要总结经验，同时也要吸取这方面的教训。现在跟地方政府的协作会越来越多，比如养老基地，很多地方政府希望我们去一些风景区投资养老基地，这里面问题很多，因为区位不符合我们的要求。所以与地方政府签协议一定要慎重。

总之，在"资产荒"的情况下，为了更好地服务保险主业，必须坚持审慎稳健，选好投向，确保投资资产安全，努力提高收益水平。

保持战略定力，坚持战术灵活[①]

（2017年1月23日）

同志们：

刚才，林岱仁总经理作了一个很好的报告。这份报告我事先看过，我都赞同。这次会议和以往相比，又有一些新特点，就是我们2016年的发展特点和取得的成绩，主要体现为"保费上台阶、结构大突破、个险双领先、实力大提升"，这个台阶是大台阶，这个突破是大突破。成绩的取得令人振奋，对同志们这一年来辛勤劳动取得的辉煌战果，我感到很欣慰。在此，我谨代表集团公司党委、总裁室向今天参会的各位同志，向你们并通过你们向广大员工、营销伙伴及家属，表示亲切的慰问和衷心的感谢！

在2016年寿险公司工作会议上，在分析形势的基础上，我明确提出了寿险公司的"三大战略"。而实施"三大战略"需要找到一个"抓手"，后来系统上下达成了一个共识，就是以个险"双领先"为纲，突出重点，纲举目张。正如古人所言，"瞽者善听，聋者善视""绝利一源，用师十倍""三反昼夜，用师万倍"。这是我们集中精力，突出重点，抓主要矛盾的真实写照。虽不敢说"绝利一源，用师十倍"，但经过近3年的积累，我们实现了超常规、跨越式发展。结构调整已经历史性地落地，下一步就是深化、完善、提升的问题了。

回顾近几年公司发展历程，2012年公司为"消负"而努力，当时系统上下有不少怨气，士气也不太高。有同志借用《易经》的说法，认为公司进入了"困卦"之中，而困卦无解。我当时提出来，"困卦"虽

[①] 在寿险公司2017年工作会上的讲话，根据录音整理。

然从《易经》上的卦名来说"不吉利",但并不是无解,因为《易经》的核心哲学思想强调变化是唯一不变的规律。但要解"困卦",那是有条件的。"困卦"最后一爻的爻辞是"征吉"。就是说要走出困境就必须树立突围的勇气和信心,勇于出征才能冲破困境、化凶为吉。俗话说得好,"不入虎穴,焉得虎子"。当时为解决系统上下信心和士气问题,我提出要先以"三分天下有其一"为目标,通过保持1~2年时间,恢复全系统发展竞争的信心,同时坚持"里面结合",努力创造良好的规模效益。两年下来,我们做了认真总结调整。2014年,系统上下思想得到统一,2015年开始情况有所好转,再借用《易经》的哲学思想,就是由"困卦"开始向"萃卦"转变,聚集了人气,增强了合力。到了2016年,公司全面发力,就是"解卦"了,即主要矛盾开始化解,并成功地从"困卦"突围。这个成绩的取得,来之不易,可喜可贺!

同志们,通过回顾公司过去5年冲出困境的发展历程,我们有发展缓慢的教训,也有痛定思痛,以雷霆万钧之手段、大智大勇弯道超车的成功经验。总结这5年的发展经验,主要有三条。第一,要保持战略定力。一旦看准了,就毫不动摇。第二,要坚持战术灵活。仅仅保持战略定力还不够,还得有好的打法,要有机动灵活的战术。今天各路的指战员都是好将士,这几仗打下来,涌现了很多既快又好、全面发展、市场竞争反超的成功做法。第三,必须求新求变。正如古人所讲,"苟日新,日日新,又日新"。通过大力实施创新驱动发展战略,让我们走出了一条新路。我上面说的这些,都是从经营哲学的角度来总结的。如果从领导方法上来总结,那还有好多点,比如:班子团结、忠诚努力、员工积极性高等。实践已经证明,我们的战略是成功的,取得的经验是宝贵的,必须继续坚持。商场如同战场,稍不留心,情况就可能发生变化。对战略定力一定要保持,但战术要灵活,必须求新求变。

借此机会,我再讲三点意见,供大家参考。

一、巩固成果,努力将"弱优势"变成"强优势"

2016年,我们实现个险"双领先",表现为"两个三",对标期交保费领先主要对手35亿元，个险人力超过对手32万人。这是微弱胜出，是险胜。只是弱优势，所以还不能"逞能"。可能会出现反复，但这不要紧，还是前面总结的三句话。我们要保持战略定力不动摇。这个时候，要警惕骄兵必败，稍微有那么一丝得意，就容易被钻空子。一方面，我们要为自己的队伍不服输、打胜仗自豪；另一方面，又不能躺在过去的成绩上骄傲自大。如果忽视了战略定力，不够冷静，甚至骄傲，我们很可能就自己把自己打倒了。我们要看到竞争已进入相持阶段，这个阶段，竞争态势会拉锯、反复，这是正常的。我们是通过总结教训走出困境的，是全体同志共同的智慧结果。咱们走出来，用的是雷霆之力，这是大家共同创造的，要集体分享。下一步，要重点夯实三项基础工作。

第一，要加强销售队伍的管理，严格防控队伍快速扩张带来的潜在风险。要客观、冷静分析队伍快速扩张背后的机遇与挑战，百万大军既是我们的动力，也可能成为负担。如果组织得好，就是动力。想想看，如果有10多万人到客户那里瞎忽悠，就会出现销售误导，就会给公司带来极大的声誉风险。声誉风险有时候比信用风险还要厉害，所以说要善用媒体。要把营销员增、留、育、成长问题解决好，得有统帅之才。要善于把营销员变为动力，绝不能成为阻力。要通过强化管理来化解风险，而不是制造风险。当然，各地有各地的高招，对销售队伍要去粗取精，择优分类，加快育成，定期清理。

第二，要坚持扩量提质，着力在举绩人力对标上狠下功夫。要出一点新招，出奇才能制胜，这是一个核心问题。我们的销售人力总量可观，相当不错。但是根据历史经验，打现代战争，仅靠人海战术是不行的。过去，清朝想用义和团抵抗八国联军入侵，结果义和团的"刀枪不入"在洋枪洋炮面前，一触即溃、不堪一击，或为国捐躯，或落荒而逃。我们现在处于什么时代？是移动互联网时代，甚至有人说已经进入"智能移动互联"时代。时代变化很快，我们的销售队伍技能和素质也要与时代同步。我们的总基调是保持战略不变，也就是总体扩量提质，着力点放在提高质量上，对标就是举绩人力对标。

第三，要改善提升我们的运营支持体系，通过科技支持"双领先"。

我们的运营支持模式也要创新，要对标先进。我们是内勤管理为主，要学习对手如何开展自主经营。既要借鉴，也要创新，最可贵的是自主创新。要把我们的"弱优势"变成"强优势"并不容易。我们不需要搞短期行动，铸造优势还是需要靠保持"双领先"的战略定力。

二、创造条件，全面推进转型升级

2016年取得的个险"双领先"这一重大成果，为我们全面转型升级创造了良好的物质基础，但是只有这个基础还是不够的，还有其他很多制约发展的因素，不能再等了，我们要创造条件，要发挥主观能动性。应该说个险"双领先"是历史性的转型升级，但是还不够，我们需要的是全面转型升级。

第一，既要对标先进学习成功经验，也要放眼世界充分吸取失败教训。我们不仅要对标主要对手，还要有国际视野。不仅对标一家，还要对标多家；谁最好就对标谁，根据自身情况，去改变、去提升。全面对标先进，要侧重从机制上、从根本上去对标。这个问题要有人研究。既要盯国内先进同业，又要盯国外优秀公司，要注重总结好的经验，更要关注失败企业的问题。正如大作家托尔斯泰说的一句话，"幸福的家庭都是相似的；不幸的家庭，各有各的不幸"。一个企业发展到这个阶段，要看一看那些知名的企业犯过什么错误，总结一下他们所走过的弯路和失败的教训。我认为，任何一家成功的大公司，它都有一段痛苦的往事，不都是快乐的历史，它都有一段阵痛、困顿的历史，甚至还有起死回生的历史。经过这样的经历，才能打造成百年老店。我们中国人寿股改上市十多年，今年是第14年，离百年老店还差很多。起码我们已经有过痛苦的教训，有过一次"困"卦突围的阶段。要从知名企业失败的教训中吸取经验，从它们的经验中，借鉴创新之魂。

第二，要敢于"啃硬骨头"，持续深入推进体制机制改革。这个问题是老大难，但必须创新。要鼓励机制创新，创新可以从点上开始，逐步成面，哪怕从一个部门开始。现在需要顶层设计，要长远考虑，分步实施。好改的，我们已经改得差不多了。要开始考虑"啃硬骨头、涉险滩",先从关键环节开始,从最靠近市场的部位开始创新。我们一时有些停滞可以容忍,甚至暂时养几个懒人也不要紧,但是我们必须抓住关键部位和环节,要分步实施推进改革创新。

第三,坚持以创新驱动为动力,突出科技的支撑和引领作用。科技的引领作用一定要发挥好。我们正在搞"新一代"系统,千万要注意,要有前瞻性、结构灵活,要对标科技先进,不能一搞起来就落后了。这一段时间寿险公司"新一代"建设干得不错,所以,年前其他子公司我都没有去慰问,其他团队也没去。我专门慰问了寿险科技开发人员,这是我们的无名英雄啊!科技的力量真是不可忽视,我们已经感受到了,已经生活在虚拟之中了,已经数字化了,回不去了。所以,你不喜欢也得喜欢,要培养"喜欢"。特别是对于年龄大一些的人,更要培养"喜欢"。对你最亲的东西,可能就藏在互联网中。我去研发中心慰问大家,填了一首词,"万物互联接广宇。宽带无边,掌上知音觅"。词牌名是"蝶恋花",属于词风比较温柔的一种,与之前我填"破阵子"的刚强风格有所不同。我们在网上漫游,就得温柔一些。"蝶恋花"我写得具有浪漫主义色彩,但真正实施起来,还是很艰苦的,知音难觅嘛。希望我们觅到更多的技术知音。要下决心把人工智能编进去,而且要不断地扩充。我在考虑:未来客服热线还需要那么多人吗?科技有可能把这个行业颠覆,将来人工智能、智能互联网要解决这个问题,提高劳动生产力,降低成本。所以这一次既要突出"支撑",还加个"引领",然后倒逼我们有些流程环节的改革。现在已经不是"憧憬",而是"现实"。前不久,我去百度公司考察,对方演示了包括多种语言翻译在内的很多东西。只有我们想不到的,没有智能做不到的。我们要善于"异想天开",只有"异想天开",我们才能创新进取。

三、讲究策略,巧妙实现战略意图

讲究策略这一点,现在看是越来越重要了。商战是秘密战,大的赢家经常张罗的一些事,可不是像他口头说的那样。所以我们要学会战术问题,要提高战术技能。战略的问题我们已经形成共识,现在已开始深化，但策略性问题永无止境。《易经》讲的是变化无穷，只要善变，再困难都能走出来，就看你的能力。周武王伐纣，贡献最大的其实是周文王，为他制定了一个正确的战略。周武王是用高超的策略，实现"伐纣"这一战略。我国古书《武韬》上，记载了周文王和姜太公之间一段对话。姜子牙劝周文王说伐纣条件还不成熟，最需要做的事，概括起来是八个字"内修文德，外治武备"，就是对内道德教化，对外要抓紧扩军备战。到他儿子周武王时期，"内修文德、外治武备"的基础已经具备了。姜太公进一步提出"大智不智，大谋不谋，大勇不勇"的伐纣策略。就是说，大智慧的人，在无形中用智慧，这是大智慧；大谋不谋，别人看不见你在谋划；大勇不勇，刚一接触，战争就结束了。不能去骂阵，不能刚有点本事，就得瑟。《素书》上有句著名的话叫作"阴计外泄者必败也"。姜太公接着还说，"道在不可见，事在不可闻，胜在不可知"。道的神秘之处就是看不见、摸不到。古人在出征之前，都要研究战略战术。姜太公继续言道，"鸷鸟将击，卑飞敛翼"，就是说凶猛的鸟在攻击猎物以前，要先把翅膀收紧一些，低空飞行，不把目标暴露。"猛兽将搏，弭耳俯伏"，就是说凶猛的野兽搏击猎物的时候，它会双耳下垂，伏下身躯。"圣人将动，必有愚色"，圣人将要说话或行动的时候，脸上会呈现不懂的神色，借以迷惑敌人。这些古语和"大象无形、大音希声"的道家思想，完全是一脉相承的，充满了哲学智慧，对公司经营和市场竞争有很好的借鉴性。

市场竞争必须讲究策略，要巧妙地实现战略意图。寿险公司各方面的硬实力一点都不差，我们有党的领导、有品牌、有机构网络、有强大的综合实力。以后要在策略灵活方面多下功夫，我们各级领导干部要善于调动广大员工为公司市场竞争出谋划策的积极性，广泛听取意见，特别是要能听得进不同的意见。绝不能学官渡之战中的袁绍，不愿听取他人中肯建议，还迁怒于提出正确意见的人。如果这样，纵有数倍于对手的人马，也没用！所以领导干部要有宽广的胸怀，特别是在看不准的时候，善用咨询，找几个有头脑的人，一起研究研究。当前，我们寿险公司处在一个非常难得的和谐奋进的阶段，要团结好各方面力量。

同时，还要特别注意两个问题：一是要善于用"柔"。古人经常讲以柔克刚。《道德经》上说，"柔弱胜刚强"，以"天下之至柔，驰骋于天下之至坚"。只用柔或者只用刚，必败；先柔后刚，刚柔并济，必胜。这是给我们讲的一个方法。在跟竞争对手博弈的时候，策略的选择很重要。二是要善于用"隐"。不要暴露目标。《孙子兵法》说，"待时而动，出其不意，攻其不备"。我们今天取得了一些成绩，这也是最容易麻痹大意的时候。借用《易经》的哲学思想，可以说寿险公司现在处于"同人"卦阶段，大家同心同德，团结奋进。"同人"卦之后是"大有"卦，即"天火同人"之后便是"火天大有"，我们期待"大有"局面的到来，那一天就是中国人寿屹立于世界强手之林、成为国际一流寿险公司的时候。所以，我们现在还不能放松要求，必须始终坚持开拓创新、奋发有为，从而在"同人"的基础上，开创一个"大有"的时代。

在2014年郑州个险高峰会上的致辞[①]

各位营销精英、同志们：

我们在秋高气爽的日子里相聚在中华始祖、皇帝故里，隆重地举行本次年度大会。我专程从北京来，向大会各位精英表示祝贺，向大家致以崇高敬意。我们选择在中华民族发祥地、大河之南的郑州举办本次会议，意义非同一般。

刚才，观看最后一个节目是豫剧著名唱段《谁说女子不如男》。今天我们620位精英当中有79.4%是女性精英，所以把这段唱献给你们最恰当了！《谁说女子不如男》给我们什么精神启示呢？就是其中蕴含的文化精神——激情澎湃，刚柔并济。这个唱腔就像黄河之水汹涌而来，奔向大海，不舍昼夜，让我们感受到了自强不息的精神。还有太极拳这个节目，四两拨千斤，柔中透刚、刚柔互济。我们要把这种宝贵的精神注入营销文化当中去。"大禹治水"这个唱段，让我们感受到胸怀天下光泽后人的精神，几千年过去了人们没有忘怀。我们还听到了"红旗渠"的唱腔、焦裕禄的唱腔，这些豫剧经典的唱腔反映了自强不息、战天斗地、艰苦奋斗、无私奉献的精神。当今，在中国人寿转型升级的时期，我们需要这种精神，所以我们来到郑州这块土地，感受中华文明的博大精深，感受大河文化的悠远厚重，感受这种文化焕发出来的时代生机。

我们在座的620位精英中，第一个特点是以79.4%的女性为主；第二个特点是以年资高的精英为主，从业十年以上的占73%。去年以来，具有五年从业年龄的人又增加了5个百分点。说明我们这支队伍是一支成

[①] 本文根据录音整理。

熟的队伍,是一支有着丰富营销经验积累的队伍。这支队伍不畏艰难,勇于开拓,在整个经济形势比较严峻的情况下,我们创造了不平凡的业绩。今天上台领奖的都是优秀的代表。我们把个险渠道纳入集团战略管理,进行战略投入,把个险渠道作为中国人寿价值创造的主渠道,把个险渠道的建设作为中国人寿队伍建设的重中之重。我们下决心,真抓实干,所以初见成效,上半年个险队伍新增6万人,达到69万人。个险队伍创造新单,按老口径计算,首次超过主要竞争对手。个险队伍新增举绩人力也超过主要竞争对手。同志们,了不起,这是一个重大的转机。我记得去年有人跟我说,我们中国人寿到了要开始唱国歌的时候了,"到了最危险的时候,要冒着敌人的炮火前进"。同时,也有同志讲,我们也到了要唱国际歌的时候了,"从来就没有救世主",只能靠我们自己创造,"英特纳雄耐尔就一定要实现",我们的理想同样一定会实现。今年重大的转机使我们看到了希望,增加了信心。

还有一个特点,就是在座的620名销售精英当中以主管为主,占73%以上,说明我们已经拥有了一支善于带领团队攻坚克难的精英队伍,每一个主管精英都有自己一段精彩的故事。大荧幕上讲的那些最优秀的精英也是在座620位经历的缩写。我们为什么要当营销员,因为热爱、喜欢;我们为什么能做到一个优秀的营销员,因为我们有激情;我们为什么能够连续地参加这样的精英大会,有的人甚至成了常青藤,因为我们能坚持;我们为什么在困难面前勇往直前,因为我们有责任,敢担当。

当年大禹治水的时候这个地区是九州中心。洪水肆虐的蛮荒古代,治水是第一位的任务,战胜洪水方显英雄本色。所以本次大会的主题就叫"决胜九州 问鼎中原"。三千多年前的商代,我们的祖先在这里发明了鼎。能够用鼎来煮食物吃的就是最高首脑、最高权力。我们讲一言九鼎,我们讲谁敢问鼎,就是比喻谁敢去占领这个制高点。我们到这里来交流经验,研究对策,这就叫问鼎中原。逐鹿中原,得中原者得天下。我们到这里来寻求超越对手、夺取制高点的策略不仅有现实意义,而且在营销员队伍发展史上也有重要的历史意义。

创新驱动与转型升级是当前中国人寿的两个主旋律。在座每一位精英也面临着如何创新驱动与转型升级的难题。我们每一个营销员个体实现了事业上的一次转型升级，那就会大大推进中国人寿这个法人整体转型升级。这里我有三个问题和大家交流：

第一，我们要善于学习，树立现代保险营销理念。中国的保险业经过几十年改革开放的洗礼，已经走过了启蒙的阶段。最近党中央、国务院又颁布了"新国十条"。如果说"老国十条"在八年前给我们启蒙，那"新国十条"就是让我们转型、促我们升级。我们要由过去的、传统的、单一的、粗狂的经营模式，转移到现代的、综合的、集约的经营模式，这就是我们转型升级的目标。每一个营销精英要有新的责任、新的任务。我们从单一到综合首先需要做什么？我们要觉醒，要思考，现代金融产品要如何与我们的保险营销结合。我们的主要竞争对手，已经在这方面走在了我们的前面。我们中国人寿正在从单纯的一家寿险公司向综合金融保险集团进军。我们的营销员要不只是一个寿险产品的推销者，我们要转变为一个以寿险产品为主兼有综合金融产品的规划营销师、理财师。这是现代保险对我们的呼唤，也是中国保险业综合经营发展的必然。因此，我们要不断学习，不学习就要落伍，不学习就会被淘汰。

第二，我们要善于培养新秀，精英带出精英。俗话说"一花独放不是春，百花齐放春满园"，我们中国人寿需要的是百花争艳、姹紫嫣红的精英队伍。我们说当一个精英不容易，精英培养精英更不容易。如果说一个精英是光荣的，那么带出一个精英更光荣，带出多个精英就是无上光荣。精英带出精英才会群英荟萃，明星带出明星才会群星灿烂。我们今天为什么这里群英荟萃，为什么群星灿烂，因为620名精英都有一段带出精英的光荣历史。毛主席有诗："天地转，光阴迫。一万年太久，只争朝夕。"时光催人老，营销员也会老去。我们有一颗年轻的心，但是我们的躯体还是要顺应自然规律。精英也要退休，也要转型。我看了一下，在座的还有60岁以上的营销的精英。我们要用掌声向她们致敬。精英也会变老，也要升级。那么精英转型升级的成功标志是什么呢？我这几天就在考虑这个问题。最后我想，我们这些精英转型升级的成功，就是说精英再培养出精英，也是一种转型成功。我们一个人当精英却没有再培养出精英，虽然是光荣的，但却是寂寞的。如果培养出精英，叫薪火相传，事业兴旺。我们可以老去，但是我们的后来者可以一代更比一代强。我希望每年精英队伍都增加新的年轻血液。

现在有个新词，叫华丽转身，我希望我们今天在座的老营销员都能华丽转身。一是做出一个精神样板，激情永驻；二是做出坚持的样板，让后来者效；三是做出一个创新的样板，给后来者以引领。做到了这三点，我们即使不能直接带出精英，也会泽被后人，功德无量。

第三，我们要善于适应数字化生存，勇敢去网上冲浪。我也用几个新词调动一下大家的热情。如果不冲浪就会被大浪淘去。我原来不想上微信，觉得有短信就够用了，后来坚持不下去了，感到不上就被大浪淘沙了。当今，我们的社会日新月异，进入了一个信息化时代，进入了大数据云计算时代。这个时代的特征就是虚拟生存，或者叫数字化生存。现在各种信息随着云计算四面八方接踵而来，让我们眼花缭乱，目不暇接。听说我们开发的移动销售终端国寿e家已经达到93%以上的普及水平。我们这些主管已经可以熟练操作了，在我们内网上已经在天天冲浪。但是我们要学会由内网去到因特奈特大网去冲浪、遨游、探秘、淘金，这是人类的大趋势。我们如果不能够学会适应数字化生存，就会被时代边缘化，业务就会越做越窄。在信息化时代，我们要做一个现代化的保险营销精英，这就是我们的转型升级。未来的竞争就是网上的竞争。谁能够掌握网上主动权，谁能够在网上驰骋纵横，谁就能问鼎中原，占领制高点。要学会线下营销联动线上营销，线上线下紧密联动，向市场的深度广度进军。现在，我们好多客户信息还存在脑子里或笔记本里，还没有上线。我们要把这些信息变成大数据，因为我们有云计算，拿到数据库里挖掘提炼，然后精准营销。希望每一位营销人员都要更新知识、提升技能，学会应用新技术手段来开发客户，拓展市场。当前，中国保险业将进入一个新的发展时期，希望我们每位精英要勇敢地迎接挑战，抓住机遇，拥抱又一个保险业的美好春天！谢谢大家！

创新信贷管理制度　培育新型信贷文化[①]

（2001年10月26日）

今天我要讲的题目是创新信贷管理制度，培育新型信贷文化。对于我来说，这是一个富有挑战性的题目。大家可能对企业文化有所了解，但无论是理论界，还是实际工作者，对培育新型信贷文化的问题还是鲜有研究的。我要讲这个题目，事先做了认真准备，今天是来做研讨讲演的，不是什么领导重要讲话。我先开个头，叫作略陈管见，抛砖引玉。

一、农业银行向商业银行转变呼唤信贷制度创新

回顾我行信贷管理20多年的改革发展历程，如果说成绩巨大，无非是为支持国民经济发展作出了积极贡献，同时也为我国由计划经济向市场经济转型付出了原始积累初期的特殊成本。二十年来，农业银行经营风险逐步积聚，不良贷款占比不断攀升，不良贷款剥离长城资产管理公司前，按五级分类，我行不良贷款占总信贷资产五成以上，可能居世界银行业之首。客观的理由很多，诸如宏观经济环境不佳、企业信用差、缺乏评估经验等。但从管理来看，或者说从内部机制来看，根本原因在于没有摆脱计划经济管理模式，没有一套制约决策者并与现代商业银行接轨的制度体系，所以道德风险和能力风险问题突出，这是导致大量不良资产的制度原因。

在计划经济体制下，国有银行在确定性决策条件下，能力风险基本为零，道德风险虽然存在，但概率很低。现在是向商业银行转型时期，信贷风险的表象、实质比计划经济时代更加多样化，更加复杂化。如东

[①] 在武汉培训学院贷审会办公室主任培训班上的讲演，根据录音整理。

北某省的一些企业，为开信用证、申请高额贷款，行贿上自高层分管行长，下至基层办事员40余名，涉案金额巨大，暴露信贷黑幕，令人发指。因此，传统的基于计划经济背景的管理理念、管理模式、管理方法不灵了，需要在市场经济环境下进行创新，需要培育新型信贷文化。

农业银行是四大国有商业银行之一，商业银行的核心要义是在有效市场监管条件下，以不断优化的资本结构，参与公平、透明的市场竞争。市场经济要求商业银行拥有与公平竞争相适应的、健全的自律体系、规范的决策行为、科学的管理手段。外部的压力和竞争的环境，也呼唤创新信贷管理制度，培育新型信贷文化。

制度经济学派代表人物、诺贝尔经济学奖获得者诺斯，提出了制度经济学若干新观点。在探讨经济增长和制度变迁的关系时，他提出没有技术创新，只有体制创新，在一定程度上也能解放生产力，促进经济的增长。这个说法也在中国1979年开始的农村家庭联产承包制中得到很好的验证，我比较赞同他的观点。

农行过去的信贷管理制度主要是在计划经济体制下、专业银行模式下形成的，滞后于社会主义市场经济的发展。反思一下，最大的问题首先是缺乏横向制衡。过去办理信贷业务强调权利的纵向制约，其特点是有速度，有效率，下级绝对服从上级，制约的最终结果是制服，但难以控制道德风险，常常出现领导有病，让群众吃药的怪事。事实证明，没有制约和制衡的权力必然导致权力的滥用和腐败。而横向制约将决策事项划分为多个环节在平行面上相互牵制，达到制衡，这是市场经济的基本要求。其次，缺乏有效的监督追究机制。有些制度本身没问题，主要是没有形成一种有效的监督追究机制。最后，缺乏"管制度的制度"。正是由于上述原因，我行信贷规模快速增长，资产也迅速不良，20世纪80年代中期，农业银行资产几千亿，九十年代达到一万六千亿，但不良贷款也达到了新高，形成严重历史包袱。人的知识有限、经验积累有限、理性有限，要搞好信贷业务经营管理，光靠道德约束和人治是行不通的。构建有效的制度框架，才是最有效的管理。西方审计理论在论述内控制度的重要性时，认同这样一个观点："理念或规则是否被遵循，风险是否被控制，问题不在于个人是否诚实，而在于控制机制建立和执行中，隐瞒失误或不能发现失误的情况是否可能存在。"因此，再不创新制度，再不规范决策行为，农业银行信贷资产经营将难以为继。

前几天，我看了美籍华人黄仁宇老先生写的《万历十五年》，给我颇多启迪。万历十五年（公元1587年），在中国历史上看起来实在是平平淡淡的一年，最多也只是发生了海瑞直言纳谏，不能被朝廷接受，屡遭坎坷，含愤去世；抗倭名将戚继光被罢官后，郁郁而终等事件。而此时正值16世纪后期，欧洲掀起浩大的文艺复兴运动，崇尚科学与自由，开启资本主义萌芽。中国封建社会几千年，以道德代替法制，至明代而极，当日的制度已至山穷水尽，而万历十五年，体制依旧，这就预兆着大中华帝国从此将走向没落，大厦将倾。由此可见，不变革落后的制度，一个国家没有希望，一个企业也无法在市场竞争中生存。以古鉴今，联想到农业银行信贷制度创新的紧迫性，一种使命感油然而生。

面对制度创新的紧迫性，尚福林行长到农业银行工作后，召开的第一次全国分行长会议，就是研究加强和改善信贷管理。规范信贷决策行为、规划信贷结构调整五年规划、构建信贷电子化三年蓝图，为农业银行信贷经营管理布局谋篇，统筹规划。那次会议至今快两年了，回头看，这一步我们走对了。特别是中国已经加入WTO，如果我们还按老一套规则行事，就会被金融全球化浪潮所淘汰。

二、信贷新规则是信贷制度创新的根本选择

总行出台的信贷新规则，是改善信贷经营管理的治本措施，是一种制度安排，是管制度的制度，是信贷制度创新的根本选择，是向现代商业银行机制接轨按国际惯例办事迈出的重要一步。要把信贷新规则真正落到实处，还需做大量艰苦细致的工作。

我认为，有效的制度也是一种稀缺的资源，欲获得一定收益，就需付出一定成本——这是经济学的一个基本原理。建立并推行新的制度要付出一定代价，总会遇到多种阻力，贯彻落实信贷新规则也是一样。同时，由于农业银行的体制尚未根本创新，信贷新规则在多级管理的

体制上运行，还存在某些不顺的问题，这不是信贷新规则本身的问题。随着农业银行整个体制的创新，存在的问题也将迎刃而解。在转型时期落实好信贷新规则，要始终坚持机理不变，循序渐进，不断总结，完善提高。

我们曾经对信贷新规则的全面实施，制定了时间表。第一年试运行，通过层层培训，掌握要领，全面展开。第二年是落实和规范年，抓检查，抓规范，抓到位，抓完善。第三年使信贷新规则制度内涵真正被员工接受和认同，自觉遵守，并将其提升为一种新型的信贷文化。

今年，为确保信贷新规则得到全面贯彻执行，总行重点抓检查，抓规范。从6月开始，总行监察部、信贷管理部、公司业务部、机构业务部、房地产信贷部、农业信贷部等部门联合组织了三次信贷大检查。基本特点是：一是业务部门、纪检监察联合行动；二是采取随机抽样方法，通过查处，能够起到以点带面的作用；三是当场认定，签字画押，抑制认定中的道德风险；四是对决策过程进行检查，要求决策过程规范化。通过对28家分行的检查，对严重违反信贷新规则的主责任人和经办责任人进行了严肃处理，其中撤职15人，记大过9人，记过3人，警告3人。不严肃惩处不足以达到警钟长鸣；不严肃惩处不足以戒后者；不严肃惩处就难以将信贷新规则落到实处。三次检查效果明显：1. 全行上下对贯彻新规则普遍增强了紧迫感，信贷决策者感到责任重大，如履薄冰，开始审慎决策，信贷新规则对决策者的警示效应已经达到。2. 群众监督氛围开始形成。有民主决策制度、内部程序制约，还要有外部群众监督机制，对国有企业尤其重要。通过检查、通报，群众参与监督的积极性很高，群众监督氛围已经形成。3. 少数故意谋私利者有所收敛，不敢肆意妄为。

几次检查也使我们更加清醒地认识到建立信贷新规则的必要性和推行的紧迫性。

第一，旧的制度和操作习惯有相当大的惯性，认识不到位，操作不规范的问题还比较突出。少数人没有领会信贷新规则所蕴含的管理理念，认为信贷新规则只是高层管理者的"管理文化"，对经营操作实在是"民曰不便"，即下级行决策者、操作者不方便、不习惯。经济学家诺斯提出了著名的制度变迁中的路径依赖理论：制度也存在"惯性"，好比物理学中的惯性，事物有保持固有运动状态的特性。制度一旦进入某一路径（好或坏）就可能对这种路径产生依赖，并被"锁定"在该路径中。它的深层次原因是利益因素诱导，一种制度形成以后会形成某种在原有体制中的利益集团，这些既得利益者，认为信贷新规则限制了他们的"权利"，因而予以抵制；有的对原有路径有着强烈的依赖和要求，仍然沉湎于过去的习惯做法，固定思维模式和习惯影响了他们对推行信贷新规则、强化风险控制的认同。因此，我们信贷新规则三次检查通报用词很有分寸，有的通报批评，有的点点名，有的点行长没点姓名。我们清楚，多年来工作中的思维习惯和操作习惯改变需要时间。对于能力风险、理解问题，我们主要是进行教育、规范，免予行政处罚；确有道德风险，明知山有虎、偏向虎山行，置规章制度于不顾者，坚决予以处理。只有加强检查督导，采取一定的强制性措施，才能保障信贷新规则落实。

第二，传统思维定式没有受到根本触及和转变，有章不循的问题还比较普遍。其主要表现：一是将规章制度随意变通，即所谓"遇到红灯绕道走"；二是将上级行的文件层层转发，无人抓落实，文件长期"睡眠"；三是只重形式不重实效，有的将规章制度贴在墙上，或挂在大厅里，执行如何，无人检查；四是片面强调地区的特殊性，用"细则"代替"原则"，随意创造和变通，事后不报告，形成诸多地方版本；五是以官僚主义的态度对待规章制度，不认真学习，不善于领会文件的精神实质，明知不该为而为之。为什么有章不循问题如此严重？原因就在于违章不究或追究乏力。其主要表现为：一是对规章制度的检查走过场，对查出的问题，大事化小，小事化了，敷衍塞责，息事宁人；二是缺乏对责任追究的统一处罚标准，尤其是对信贷决策各环节的主责任人；三是处理偏轻，违规成本低，无关痛痒，非但不能收到以儆效尤之警示功效，反而会产生负面作用。

针对检查的问题，近期要重点抓好以下几件事情：

（一）针对三次检查出的问题，组织全系统深入开展信贷新规则的再培训，认真整改

总行这次贷审会办公室主任培训班是在全行三次信贷新规则检查结束后进行的，尚行长非常重视，就课程安排、教材编订作了批示，可以看出总行党委对贯彻落实信贷新规则的决心。具体地说，其意义是：

第一，是一次再培训。去年信贷新规则出台之初，在天津连续举办了大范围的中高级管理人员培训班，分管行长、信贷处长、客户经理得到培训。之后，分行比照总行层层培训，取得了明显成效。这一次培训，是新规则实施一年后，我们结合检查中发现的诸如认识不到位、理解有偏差、操作不规范等问题作为典型案例进行的再培训。

第二，是一次再规范。信贷新规则要坚决贯彻执行，但它不是一个封闭的体系，可以进行修改完善。为了达到我们的目标，发现问题要及时修改、调整和完善，使其更规范。工欲善其事，必先利其器。正因为如此，今年年初我们对农业银行成立以来的信贷管理制度进行了梳理，废弃了143个与信贷新规则制度内涵相背离的制度办法；根据信贷新规则一年多的实践，近期拟对其中不完善的地方制定修正案，明年执行；同时根据信贷新规则的要求，今明两年我们将进一步修订完善管理方法和管理技术方面的制度，使信贷业务操作规范化。

第三，是一次再认识。认识不到位，对正确贯彻执行信贷新规则必然产生不利影响。三次检查，三期通报，三期评论员文章，字里行间蕴含着规劝、教化。"子归夜半尤啼血，不信东风唤不回"，如此苦口婆心，如此的动真格，为的是"棒打浪子回头"，为的是提高对信贷新规则的认识，为的是爱护每一个信贷工作人员，为的是使信贷新规则成为每个从业者的自觉行动，为的是从制度上保证信贷资产的质量。第三期通报时，尚福林行长要我再写一篇评论员文章，并阐明"规范就是爱护"的观点。大家知道，信贷新规则好比"达摩克利斯之剑"，高悬在头上。只要决策者不触犯高压线，严格执行新规则，剑就是我们的保护

神,它可以排除方方面面的障碍和干扰。还有什么比这种规范更能从制度上保护干部?还有什么比这种规范更能从制度上控制和化解风险?我也知道今年信贷新规则三次检查被"曝光"的典型中也不乏尽心尽力工作的同志,实际上,对这些同志,不仅仅是处罚,更重要的是爱护。这次培训,也是对信贷新规则的再认识。

第四,是一次再提高。检查发现,很多行按操作程序运作了,但比较勉强,细节问题普遍存在,说明执行新规则还存在一定差距。此次培训,对象定位在贷审办主任,有利于提高执行新规则的操作水平。

(二)总结信贷新规则在实际操作中的不足,系统梳理,抓紧修订完善

从长期看,要坚持不懈地抓好四个重点:一是要将信贷新规则的检查制度化,每年都要搞,方法可以创新;二是要坚持责任追究的制度化,做到有章必循,违章必究,按照处罚标准,公平、公正、公开地进行处理;三是对广大信贷从业人员进行经常的培训教育,增强认同感,形成共同的价值理念,提高执行信贷新规则的自觉性;四是与时俱进,不断充实、完善和提高。当前,农业银行正处在转型时期,按现代商业银行的要求,还有相当大的差距,因此,我们不能故步自封、踏步不前,必须紧跟时代的步伐,不断创新。

三、在落实信贷新规则中培育新型信贷文化

培育农业银行新型信贷文化是一个需要探讨的课题。有的人将CI设计理解为文化;有的人把精神理念提炼为几句话,叫作文化,等等。我认为这些都不全面,不很确切,特别是"存款到农行,可靠又吉祥""耕耘中华大地,共建美好城乡""农业银行是国有银行,国家信誉",都不能涵盖文化的内涵、实质。

(一)何谓信贷文化

简而言之,就是商业银行在长期的信贷经营活动中形成的,信贷从业者普遍认可、共同遵守的信贷经营管理的价值理念和行为规范的总和。它既体现深邃的文化价值观念,也包含广泛、高层次的管理内容。

它有三个核心要点：一是共同的规则，二是共同的价值理念，三是共同的习惯。其他都是外延、表现形式。

1. 共同的规则。要把倡导的新文化渗透到管理过程，变成人们的自觉行动。制度是最好的载体，倡导新文化首先要制定制度并得到大家的认可，如员工宁死不认、坚决抵制，说明规则可能脱离实际，客观条件不能承受。如果十年前搞信贷新规则，可能就不很切合实际，当时的开放水平、专业银行体制、思想观念等承受力不能支撑起建立信贷文化的基石，也难以形成普遍认同的规则。如果没有普遍认同和共同遵守的信贷新规则，就不可能培育出一种新型的信贷文化。

2. 共同的价值理念。这属于精神范畴，制度内涵真正被员工心理接受和认同，产生共同理念，制度才能升华成为一种文化。我国20世纪70年代末实行的联产承包责任制，当时不被理解，旧的思想观念："不患寡，而患不均"，"重遭二茬罪，重受二遍苦"大有市场，担心"辛辛苦苦几十年，一夜回到解放前"。但经过20多年的改革实践，证明联产承包责任制是适应时代发展的体制创新。今天，再也不会有人在思想上排斥它，因为这种价值理念已经在人们思想上牢固树立起来了。

3. 共同的习惯。形成共同的价值理念后，就会成为大家思维和行动共同遵守的习惯。当然，文化表现形式可以多元化、多样化。一种好的习惯的养成，必须以好的制度为基础，这种制度的约束是硬性的，是不讲情面的，是不能随意变通的。开始的时候，不习惯也是正常的，但坚持下去，时间长了也就习惯了，就能成为一种自觉行动。

（二）什么是新型信贷文化

所谓新型，不是标新立异，而是和旧的比较而言，是对旧文化的改造，是对旧文化的扬弃。

旧文化有什么特征呢？"一支笔""一条龙"，这些概念的出现都是旧文化的反映。其中最突出的就是"师傅带徒弟"文化。

我们过去的信贷文化，是在长期的专业银行体制下形成的，其运作规则只能适应计划经济体制要求，不能适应社会主义市场经济发展。在信贷运作上缺乏科学的制度安排，往往是政策调整大于制度安排，人治大于制度治，致使一些规章制度难以真正落到实处。决策行为、操作行为不规范，无论是决策者，还是一般工作者，在执行规章制度时都可以加进个人的习惯和偏好，又长期得不到纠正。因此，人们也就见怪不怪，习以为常了，由此产生的必然是一种落后的文化。

"师傅带徒弟"文化则是产生于长期的小生产背景，从某种意义上说，师傅就是规章制度，如果师傅水平高一些，带出的徒弟比较好，规范一些；如果师傅水平差一些，本身就不认真执行规章制度，那又怎么能带出高素质的徒弟？再者，"师傅带徒弟"文化具有顽固的同化性。不管你理论水平有多先进，在师傅的指导和熏陶下，水平非但未能提高，反而退化了，最后和师傅的旧传统一样了。总行制定制度，层层制定实施办法，层层变样，最后面目全非，这叫逐步区域地方化。"师傅带徒弟"文化具有很大的局限性，一个师傅一个习惯，一个地方一个"版本"，难以形成一级法人的统一信贷文化。由此可见，"师傅带徒弟"是靠不住的。要在不断提高职业道德水平的基础上，靠具有"法的精神"和"硬性约束"的规章制度，培育统一的信贷文化。

我们倡导新型信贷文化，并不是全盘否定"师傅带徒弟"的方式。今天，我们所说的"师傅带徒弟"，概念已经发生了质的变化，它不再是一种文化，而是一种培训的方法。在同一规则制度下，通过老同志的作用，对新职工起到好的"传、帮、带"，不失为一种非常有效的培训方法。当然也不是什么人都可以当"师傅"的，"师傅"应当是大家认可产生的、能够认真贯彻实施制度规章的业务骨干。

新型信贷文化核心在于加入法的精神和硬性约束。即在信贷业务的运作过程中，实现以人为核心，转变为以制度为核心，具体说就是人制订制度，制度管人，制度面前，人人平等。"人盯人""师傅带徒弟"是旧社会"钱庄""当铺"式的管理模式，依赖道德维系。总行出台的信贷新规则正是为此而做出的一种制度安排。

（三）信贷新规则是培育新型信贷文化的基石

文化的演进是"渐进式"的，新文化的形成可能需要经过较长时间，而把文化"装进"制度，则会加速这种认同过程。当管理者倡导的新文化已经超越旧制度的水准时，这种文化又将催生新的制度。从制度到文化，再建新制度，倡导新文化，两者交互上升，信贷管理正是在这种交互上升的过程中不断优化，臻于完美。

信贷新规则是信贷新文化的重要内容，但不等于信贷新文化，不是信贷新文化的全部内容，比如授权管理、授信管理、五级分类等都是培育新型信贷文化的重要内容，不可偏废。信贷新规则有利于促进信贷新文化的形成。制度作为新型信贷文化的基石，必须采取有效措施，得到全行员工心理接受和认同，并共同遵守。从这个意义上讲，对于自觉遵守制度的员工，制度管理对他们是非强制性的管理，是一种规范和提醒，同时也有利于摆脱来自方方面面的干扰，保护决策者、操作者的决策、操作不至于失真，则是一种爱护。对不自觉遵守制度的员工，制度管理首先是一种约束，防患于未然，更是一种保护，通过严格规范和有力的监督检查，使他们的行为不至于"逾矩"。

按照诺斯的观点，现代经济必须进行制度转型，即人格化交换向非人格化交换转变。现代经济，我首先相信的是制度，并不是你本身的人格。如果不能实现人格化交换向非人格化交换转变，将产生三个问题难以克服：一是知识技能低；二是经济规模小；三是交易成本高。为什么社会上受骗的人这么多？比如传销，原因就在于此。美国经济学家科斯认为，只要交易成本为零，产权制度明晰，自由市场经济可以把任何企业引向高效率，也就是说，帕累托最优状态实现了。人格化的东西，交易成本太高。所以，我们要坚定不移地推进人治信贷文化向制度治信贷新文化的根本转变。

"上有所好，下必甚焉"，在落实信贷新规则、培育新型信贷文化的过程中，各级决策者的带头作用是至关重要的。规范信贷决策行为的若干规定主要是针对各级决策者的，"高压线"也是主要对各级行决策者设立的。不管是哪一级决策者，只要触了"高压线"，就要坚决追究责任，绝不姑息迁就，否则就不能服众，一般工作人员就不会认真执行信贷新规则，更谈不上培育新型信贷文化。我这里讲各级决策者要起带头作用，不是那种口号式的要求。如果说口号式的要求本质上还是一种道义规劝的话，那么这里所讲的带头作用，已质变为一种对决策者行为的硬性约束。不管你是否愿意，只要当决策者，就必须起带头作用。我认为，农业银行的各级决策者总体素质是好的，大多数人能够自觉地带头落实信贷新规则，并能够在落实信贷新规则中，精心培育农业银行新型的信贷文化。

在2017年"牵手国寿·智慧生活"国寿客户节主题活动上的致辞[①]

(2016年6月16日)

各位嘉宾、尊敬的客户、女士们、先生们:

刚才,我们怀着激动的心情看完了短片,就知道了本届客户节的主题是"牵手国寿·智慧生活"。过去,智慧生活是不可想象的,可能是一种内心的修炼。现在,智慧生活是一种现实的体验。

通过看短片,我们了解了"智慧生活"的含义至少有如下几点:第一,网络化。如今天外面天气炎热,但进入我们的会场,就是一个宽阔清爽的世界,令人眼花缭乱。让我充分感受到网络化的生活。网络化带给我们的是一个高情感的体验。第二,移动化。随着科技发展,现在无论身处何处,都能感受到美、发现美、享受到美。这就是智慧生活,是过去我们没有感受过的。"智慧"在佛教里的含义,就是让大家渡到彼岸。今天,我们已经快速渡向虚拟生存的彼岸,现代信息技术为我们带来了超值的享受。第三,智能化。直到20世纪90年代初期,人工智能还是遥远的梦。90年代后期,IBM"深蓝"计算机首次战胜国际象棋冠军卡斯帕罗夫,轰动了世界,给了我们一个惊奇。又经过20年发展,今天我们看到,在比国际象棋复杂得多的围棋领域,AlphaGo战胜了世界冠军李世石。这就是智能化创造的人间奇迹。人造机器,机器比人聪明已成为真真切切地现实,一个人机共存的时代正向我们扑面而来,很多的人际关系将被人机关系所取代。过去未去,未来已来。一个运营智能化、服务无人化、产品个性化的美好蓝图也向我们徐徐展开。第四,数

[①] 本文根据录音整理。

字化。数字化让不可能变成可能，由无变有，无中生有。我们能瞬间生活在美妙的虚拟环境中。虚拟场景和现实生活高度契合，智慧生活须臾不可离。刚刚，大家通过大厅，感受到的就是"牵手国寿·智慧生活"的情景化互动体验。

刚才，我们特约的著名主持人春妮说，中国人寿正在经历科技国寿的三级跳。其实，我们现在正处在第二级，就是说我们正在向精彩迈进，但还没有达到精彩。

第一跳是"网上国寿"。这一跳已经基本达成，成功实现了国寿的高科技价值。一路行、e宝、i购、国寿天财、掌上国寿，这些网上国寿App展示的就是网上生活。"+互联网"深刻改造了中国人寿的传统业态。过去，都是线下的客户体验。现在，我们已将客户体验带到了线上线下互动的网络模式。

第二跳是"智慧国寿"。就是说我们来到了"互联网+"时代。"互联网+"创造了中国人寿崭新的商业模式，这是党中央、国务院大力提倡的一种新模式。大厅的互动体验都是情景化的，i购、i车、i动，总之，"爱"你没商量。我们的智能语音识别，已经取得进展，但还不够，方言识别能力还要继续训练。

第三跳是"数字国寿"。我们还要创造新的情景。数字国寿是互联、物联、人工智能的，必须是几者的高度契合。万物互联接广宇。有事传感器能告诉你，这就是数字化，这就是超值的"智慧生活"。当今，金融科技发展日新月异，令人目不暇接，我总感觉取得的成绩还不够多，也常有落伍掉队的忐忑。今天，我们借用人工智能术语"深度学习"，希望我们也要深度学习，对接科技国寿，对接我们对广大客户的承诺——"智慧生活"。

客户体验至上。我们要给客户超值的体验。过去，客户服务就是微笑、登门拜访。今天，客户需要的绝不仅是微笑，客户希望生活在信息时代的前沿，享受这个时代的超值体现。我们搞得好不好，谁来评判，是尊贵的客户。

我们要重视人才。发展金融科技，实现智慧生活，没有人才不行。

我们要大力培养程序开发人才，网络设计人才，需求分析人才。要给他们更多的支持，创造更宽松环境。鼓励低成本试错，鼓励异想天开、锐意创新。为此，我们设立了专门奖项。希望国寿科技像我们公司规模体量一样强大，不是虚胖，不断增加我们的科技能力、创新能力。这就是"科技国寿"的内涵。

今天已进入"智能移动互联"时代。我们与百度、华为这些世界著名的科技公司进行战略合作，突出客户需求，关切客户体验，使我们站在科技前沿使用最新科技成果，同高科技企业的互动，创造双赢。首先，要接好从客户到业务的第一棒；其次，要交接好从业务到技术的第二棒；最后，要交接好从技术交回业务和客户的第三棒。百度的李彦宏说，"移动互联"已经结束，现在已进入"智能移动互联"时代。很多人不理解，现在开始理解了。过几天，我准备去体验一下百度无人驾驶。最近有一篇报道，特斯拉无人驾驶汽车意外撞死一个人，有很多人谴责。其实，总体上看，无人驾驶事故率仅相当于有人驾驶的1/360。自从AlphaGo战胜李世石后，新一轮的智能互联日新月异、色彩纷呈。虽说人工智能不是万能的，但是现代生活没有人工智能，也是万万不能的。自然生存和虚拟生存，谁也离不开谁。

最后，我希望国寿系统广大员工、广大科技工作者，同我们的广大客户一起，紧密互动，携起手来，向着数字化生活，向着智能移动互联，向着我们更加美好的愿景，高歌猛进。

谢谢大家！

拓宽融资渠道 防范债务风险 构建现代化基础设施体系[①]

（2021年6月22日）

"建设现代化基础设施体系"是"十四五"规划纲要提出的一项重要任务 经济委员会围绕此题目开展了专题调研现代化基础设施是促进高质量发展、构建新发展格局的重要支撑，建设融资是关键环节，从调研情况看：当前基础设施建设融资存在的主要问题：一是不少地方政府投资能力受限资金缺口较大一方面财政收入形势严峻，另一方面刚性支出增多债务及利息支出负担重。二是新基建领域投融资主体较为单一社会资本投入积极性不高，新基建具有发展潜力和经济效益市场主体应当成为投资主体，但目前除政府外主要是三大通信运营商等国有企业投资，民间投资较少活力不足。三是市场化投融资模式尚不健全。传统融资模式难以满足需求直接融资方式较少，创新投融资工具应用不足，PPP模式有待规范和创新，新基建所需的长期低成本资金来源仍需扩展，地方政府、国有企业与民营资本利益共享和风险分担机制尚不健全。

为此建议：

一、区分项目属性匹配筹措建设资金，对公共产品属性强的项目，坚持政府投资为主，加大中央财政支持力度，研究出台对现代化基础设施建设项目的税费减免、奖励补贴等政策。对属于具有收费功能的基础设施，促进政府资金和民间资金相结合即政策性项目商业化运作，对属于商业化性质明显的公共设施。以民资为主导政府给予政策支持。

[①] 在政协第十三届全国委员会常务委员会第十七次会议上的发言。

二、增强政府资金引导作用，加大财政资金投入发挥杠杆带动作用，同时处理好债务增量与存量的关系，把握好近期和远期的平衡，防止债务过度积聚集中。进一步统筹整合中央有关专项资金，鼓励地方将支持方向相同、扶持领域相关的资金进行有效整合，加强项目统筹。形成统一的政策支持框架，规范采用PPP模式，将中央补助资金用于政府资本金注入和建设期投资补助，吸引社会资本，地方政府专项债务优先作为项目资本金，引导银团加大新基建项目的投资力度。

三、更好发挥债券的融资功能。利用国际市场负利率和低利率货币环境窗口，适度扩大政府债券发行规模，特别是长期国债和基础设施长期债券，建议发行长期债券置换存量债务，更好地匹配基础设施建设周期。切实减轻地方政府利息支付压力，对特大型有收费潜力或政府还本压力大的长期项目，可由中央政府直接或代理地方政府发行长期建设政府债券，在发展中稀释和化解高负债率带来的债务风险。

四、探索利益共享风险共担机制。对于准经营或纯经营的新基建，充分引入市场竞争，完善价格形成机制，激发市场主体投资活力，破除体制机制障碍，允许民营资本以股权或其他方式，投入重大新基建项目，做大做强工业互联网平台。通过平台与民营资本合作，推动新基建与产业市场化应用。

五、着力开辟新的资金渠道。设立市场化运作的新基建发展基金，着力推进新基建信托投资基金试点，吸引专业市场机构参与运营管理，提高投资建设和运营管理效率，鼓励已经形成比较稳定现金流的基础设施项目（如新能源、智慧水利等）利用ABS（资产证券化）和REITs（房地产信托投资基金）等方式在资本市场进行融资，资本市场应支持现代化基建项目的融资需求，适当降低收益率门槛，允许打包发行，减少发行成本，利用开发性金融投资时间长、利率相对低的优势，充分发挥其在基础设施建设中的作用，建立金融机构支持新基建的政策体系，在服务团队、审批流程、贷款规模、授信条件、融资利率等方面出台专项办法。

诗画情怀篇

一、格律与古风诗

慷慨多里雄风
壮发眼青虫
君没兴

杨昭生书
二〇八年六月

长城春游

（2017年4月22日 于八达岭）

叠翠层峦卧巨龙，危崖耸峙欲出征。

八方来客争目睹，百万游人竞步登。

烽火敌楼寻胜迹，战台剑影觅无踪。

蜿蜒万里雄风在，放眼奔腾看复兴。

注：4月22日周六同夫人带外孙栋栋游览八达岭长城。

立春读《易》感悟

（2018年2月4日）

枯枝残雪送冬归，万物兴荣待冻雷。

八卦荡摩刚软断，六爻变换弱强随。

吉凶悔吝阴阳动，坤暑乾寒日月推。

循道四时得善果，静观复命总轮回。

注：八卦、六爻、吉凶悔吝、阴阳为《易经》上的专用名词。复命，出自《道德经》第十六章："归根曰静，静曰复命。"即任何事物最终都要在静中消亡归根，同时又要在静中萌动新生。循道，即遵循事物的规律。八卦，即大自然的八种卦象：乾、坤、震、巽、坎、离、艮、兑。

萬物並作吾以觀其復

夫物芸芸各復歸其根

歸根曰靜靜曰復命復命曰常

二〇一八年八月 楊旺生書

贺元夕

（2019年元夕）

玉盘变幻瑶波影，旋转盈亏自有因。
悦耳琵琶轻唱曲，欢心乐舞漫摇身。
梦圆月桂春风爽，云步蟾宫光彩新，
欲驾冰轮游广宇，人间天上一家亲。

京城春雪

（2019年2月14日）

迟来瑞雪爱新春，遍洒京城漫掩门。

带雨梨花飘璧影，出池妃子舞红尘。

飞琼喜嫁东风日，礼炮欢呼天上人。

举目银装迷望眼，尽收冰玉爽精神。

注：飞琼，指西王母的侍女，亦指飞雪。出池妃子，指从华清池出浴的杨贵妃。

读荀子《性恶》偶得

（2018年5月6日）

当年稷下辩锋芒，性恶一篇震上苍。
亚圣门生空自许，荀公弟子有高强。
礼法规约生善伪，人间名利竞菲芳。
千古兰陵埋劲草，风霜红叶郁金香。

注：稷下：指春秋战国时齐国首都淄博的稷下学宫（相当于今天的社科院），当年荀子任学宫祭酒（首席资深教授兼院长），以讲授"性恶论"而名震天下。荀子彻底否定并批驳了亚圣孟子的"性善论"，提出了"人之性恶，其善者伪也"的惊人论断，并与孟子门生发生激烈论辩。荀子对抑制人性恶开出两个药方：一是法律强制，二是礼仪约束。荀子的"性恶论"被他的弟子韩非、李斯发扬光大，并指导帮助秦国统一六国获得巨大成功。荀子晚年在楚国的兰陵县（今属山东临沂市）任县公，罢官后收徒讲学，死后葬于兰陵。郁金香，是古兰陵的一种醇香美酒，驰名天下。

千古兴衰堪叹，
苍凤霜红叶，
极尽秋声。

杨旺生书
二〇〇八年六月

感受二胡独奏《奔驰在千里草原》

（2017年11月）

弦声寄彩虹，跳跃自欢腾。

奔放高原舞，飞扬大漠鸣。

纵横连广宇，驰骋起雄风。

琴润边关景，心中壮美生。

注：照片为夫人任洪琦摄。《奔驰在千里草原》是本人业余喜欢自娱的曲目。

弦声穿越如驰骏自欢畅
奔放高原斜阳大漠鸣
纵横牲畜宁静驰骋起雄
回響潤边關景心中村
美生

五律·感受二胡独奏奔驰
先生墨宝杨旺生
二〇一七年十一月

庭院信步

（2020年8月）

小院一潭清，琼阁照水滢。

热风摇碧影，微汗纳凉亭。

曲径环幽谧，天光映翠明。

常来闲信步，总有赋诗情。

注：照片摄于所住小区花园，作者常来此散步健身。

为飞飞上哈佛寄语

（2008年3月26日）

欣喜破寒窗，登科榜上扬。

青云当映雪，天道助悬梁。

高傲常遭损，谦卑易久长。

从今勤蓄锐，育翼待高翔。

注：2008年3月26日收到女儿飞飞被哈佛大学商学院正式录取的消息，欣然赋诗一首。映雪：出自《三字经》"如囊萤，如映雪"。说的是晋朝孙康年轻时家境贫寒，夜晚利用雪的反光来勤奋学习，终成一代名士。

悬梁：指东汉孙敬，年轻时勤奋好学，有时学到三更打盹的时候，他用一根绳子将头绑起悬在房梁上以保持清醒，终成政治大家。这两个典故揭示了天道酬勤、自助天助的道理。

获金紫荆奖感怀

（2017年11月30日于香港）

金光耀紫荆，瞩目奖杯擎。

股浪风云涌，牛熊掌上赢。

豪情抒壮志，淡定阅峥嵘。

胸阔乾坤小，心宽日月明。

注：照片左为香港特区行政会议召集人陈智思、右为香港大公文汇集团董事长姜在忠。

金光耀眼荆棘目荧
挥毫股浪风云涌生辉
掌上赢豪情抒壮志凌
宫阁峰嶂胸阔乾坤小
心宽日月明

七律·黄春荣荆莫感怀
杨旺生
二〇一七年十一月廿日

端午咏竹

（2021年6月）

茂竹逢仲夏，滴翠正端阳。
个个生清雅，竿竿送绿凉。
亮节辉日月，昂首傲天光。
遥忆屈夫子，离骚化粽香。

贺国寿上海金融中心大楼落成

（2016年12月29日 于陆家嘴）

银座丛中起峻峰，

跻身广厦共兴荣。

好风借力青云上，

笑傲苍穹映日红。

注：照片中从左至右分别为：中国人寿集团首席投资官兼资产管理公司总裁王军辉、中国人寿集团副总裁王思东、上海市金融办主任郑杨、中信集团董事长常振明、中国人寿集团董事长杨明生、上海保监局局长裴光、上海浦东新区副区长简大年、中信泰富总经理刘勇。

楼前望月遐思

（2020年2月于海南）

其一

椰风海韵一轮圆，跃上高楼转玉盘。
照尽人间千古变，阴晴无奈是悲欢。

其二

蟾光云影为谁容？幻入红尘妙有情。
多少追寻为一梦，无声大美化空灵。

飞天探秘

（2020年1月于三亚）

飞越云层上太清，

奇光幻影觅神灵。

无边飘渺无穷妙，

无限无中万有生。

注：太清，道家指无穷清静无为的大道境界；道教指"道德天尊"。照片摄于三亚天涯海角。老子曰："天下万物生于有，有生于无。"

为十三届政协经济35组题照

（2018年3月13日）

孟春雷动荟京华，
乍暖还寒议奋发。
携手征程谋大计，
关山飞越论通达。

盈盛春雷动荟京华，飞爱还寒议奋发携，手绘程谋大计阔少，勤越论通达。

七绝 为十二届政协经济卅五组誌昐

杨旺生
二〇一八年三月青

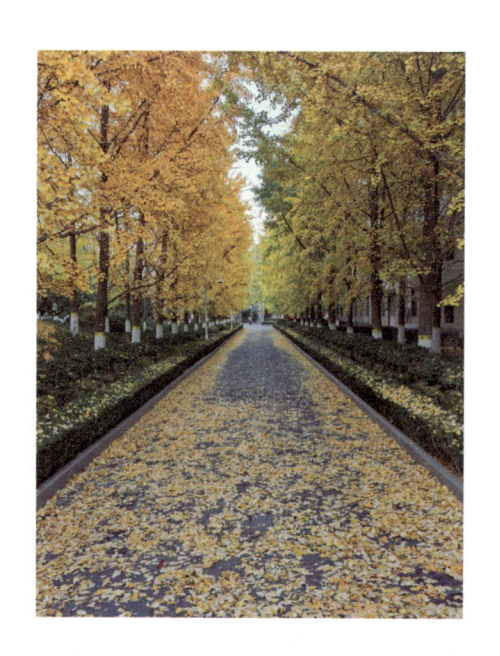

题照银杏叶归

（2019年11月）

杏叶归根一地金，

风吹萧瑟抖精神。

秋黄只为来春绿，

化作连心复命魂。

注：复命出自《道德经》第十六章："夫物芸芸，各复归其根，归根曰静，静曰复命"。
照片摄于北京甲15号住宅6区。

白鹭踏枝

(2019年9月17日)

浓荫碧水戏白翎,

箭羽扬锋众鸟惊。

飞雪枝头飘自在,

啼音婉啭动清风。

注：箭羽、飞雪，借指白鹭的翅膀、羽毛。照片摄于深圳荔枝公园。

比尔·盖茨赞

（2007年4月21日）

掌动云端网上行，

视窗探看破天惊。

风光无限环球小，

撒向人间百业兴。

注：2007年4月21日于海南博鳌论坛上会见美国微软公司董事长比尔·盖茨先生，双方就加强业务合作进行了友好会谈。农总行科技部总经理曹谷崖等陪同会见。比尔·盖茨所发明创造的计算机视窗软件是当今最普及的惠众工程之一，他让全球普通人，即使文盲也能上网畅游。

观《长恨歌》实景演出偶得

(2019年10月28日于西安华清池)

其一

群星捧月舞华清,

独领风骚万种情。

连理枝头妃子梦,

长生殿上誓山盟。

其二

仙乐飘飘月下逢,

青霄比翼畅空灵。

多情未必空余恨,

一曲长歌爱永恒。

注:唐代诗人白居易的《长恨歌》,现今已在骊山脚下、华清池畔排演出一场大型实景歌舞。

东方明珠塔赞

（2020年10月）

一塔尖锋破碧空，
明珠闪耀映霞红。
高天何惧多风雨，
笑傲霄云变幻中。

贺天津人寿金融中心大厦落成乔迁

（2019年3月17日晚）

春风洋溢海河欢，

满目斑斓悦大观。

更上层楼新拓展，

津门纵览写华篇。

贺国寿嘉园（乐境）奠基

（2016年6月28日 于天津）

仲夏清风爽满怀，

祥云好雨奠基来。

天年医养长福寿，

放眼欣荣乐境开。

贺阳澄湖国寿嘉园（雅境）奠基

（2015年农历八月初八）

烟光融暖碧湖边，

秋水长天一色蓝。

今日奠基思寿祖，

阳澄颐养可成仙。

注：寿祖即彭祖，是我国古代著名的寿星和养生家，据传活到800岁后修炼成仙。

逍闲清水湾

（2018年11月15日 于海南）

翠岭青山海角边，

天涯云鹤自逍闲。

纤尘无染居幽境，

清水一湾常乐天。

题照红莲碧波

（2020年7月16日入伏）

绿水红莲映日欢，
繁荫碧树共悠然。
云托夏梦拥荷舞，
旋转长天醉大观。

京城春雨

（2021年3月）

其一

蒙蒙新雨漫京城，

润物无声胜有声。

呼唤东风驱疫退，

子规啼血杜鹃红。

其二

轻抛漫撒任从容，

涤尽尘埃玉宇清。

寒去冰消同复命，

一番风雨又重生。

注：复命，意为孕育新的生命；出自《道德经》："归根曰静，静曰复命。"进入三月的首场春雨让京城焕然一新，生机萌发。

静观清水湾随感

（2020年1月27日 于海南）

其一

海天一色映金滩，沙毯银波碧水环。

极目无边惊浩瀚，涛声贯耳荡胸宽。

其二

遥思生命海中生，独有神奇万物灵。

造业红尘皆果报，祸福如影总随形。

注：有研究认为生命起源于海洋，人为万物之灵。造业，为佛学因缘果报的专门术语，即善恶有报，祸福无门，唯人自招。受新冠肺炎疫情的影响，来此地游人锐减，显得异常宁静。

南海观涛

（2019年12月7日 于海南）

其一

苍海扬波似雪崩，不平怒吼向天鸣。
洪涛飞浪奔腾去，拍岸淘沙唱大风。

其二

岸阔潮平碧水清，波摇日暖好温情。
浪花欢舞银光耀，一瞬高洁化永恒。

丽日游湖

(2020年6月)

其一

携手浓荫上小桥,
水中倒影赏心摇。
一湖秀色滴芳翠,
鹭舞莺歌自在娇。

其二

小桥一孔水流欢,
天降瑶池月下凡。
丽影神怡心亦醉,
原来仙境在人间。

清水湾观日落

（2018年11月15日晚于海南）

明月清风送日归，

月升日落总轮回。

夕阳红染波光滟，

霞舞长天自在飞。

注：海风轻拂，明月升空，观夕阳徐徐依山，遐想飞逐。

趣廊听戏

（2021年4月于津门水上公园）

一束春光亮趣廊，

铿锵国粹唱飞扬。

游人驻步迷流水，

弱柳摇风醉二黄。

注：流水与二黄是京戏中两种不同风格的唱腔。流水的特点是欢快、阳刚；二黄的特点是柔和、舒缓。

题赫图阿拉城

（2019年10月7日）

其一

茅屋变换瓦房强，满蒙联盟撼上苍。

铁骑腾云出万壑，八旗所向大明亡。

其二

历史轮回皆有数，空城怅望叹兴亡。

皇权自古多劫难，道是无常却有常。

注：赫图阿拉城位于辽宁新滨县的深山险壑之中，是一座拥有400余年历史的女真部落古城（后统一为满族）。他们由住茅草房到住青瓦房的变迁（最后住进京城皇权宫殿），是由弱变强、蕴意突围的重要标志。努尔哈赤、皇太极、多尔衮等众多叱咤风云的前清历史名人都出生在这里。努尔哈赤在此提出了满蒙联盟灭亡大明王朝的方略。满蒙联盟和八旗制是灭亡明朝的根本举措。满清的兴亡同历史上所有的皇权一样皆跳不出定期兴亡的历史周期律。照片为古城一角。

鸟瞰津门

（2021年4月）

广厦千姿傲碧空，
海河两岸竞峥嵘。
一湾绿水从容去，
摆尾长龙只向东。

注：照片摄于人寿天津分公司53层。

题老友欢聚饮茶合照

（2021年3月9日晚于政协会上）

茶香漫品焕然新，

恍若童心复命轮。

笑看东隅乐耳顺，

桑榆非晚抖精神！

注：照片右起：牛锡明、姜洋、葛红林、傅育宁、高迎新、常振明、奚国华、张懿宸、周勇、杨明生、涂辉龙。

题青海春光画

（2019年6月于清海）

韶光遍撒玉门关，
大漠花芳碧草鲜。
映雪长云飘自在，
冰峰脚下是春天。

题韶山

（2021年4月29日）

花芳水秀聚钟灵，

岭翠龙兴举世惊。

舜乐韶音千古韵，

山冲圣景万年青。

注：今日从长沙出发时朝雾蒙蒙，到达韶山后，雾散日出，阳光灿烂。政协调研组向毛泽东主席铜像敬献了花篮。

题照碧树云花

（2020年2月27日 于海南清水湾）

擎天一柱护青空，

笑傲苍穹任雨风。

云卷云舒皆有意，

花开花谢总关情。

题照"歌唱黄河"雕像

（2021年2月）

昂扬激跃飞声美，

一曲铿锵动地歌。

唱破苍穹惊广宇，

洪涛怒吼大风和。

注：雕像作者为著名雕塑家王艺。

唱彻芳字慧广宇洪涛驰咏大风和

杨明生书

辛丑年春

春日观海

(2020年3月14日于海南清水湾)

独倚舟头观浩渺,
涛声拍岸浪花飘。
烟云望尽归真好,
乐与波光共醉潮。

题照春色关不住

（2020年2月14日于海南清水湾）

小院深深绿掩门，
出墙红艳送温馨。
枝头莺啭鸣青翠，
花透清香醉鸟音。

题照荔树下的新疆舞

（2019年7月于广东）

西域来风荔树摇，

翩翩粤女舞多娇。

天山南岭花枝俏，

并作胡裙一片飘。

注：周日游深圳荔枝公园，见荔枝树下一批已退休的女士。她们浓妆淡抹，学跳新疆舞，扬溢着青春激情，令观者点赞，随拍下此景并题诗以记之。

题照外卖小哥晨会

(2021年5月于深圳)

其一
昂扬抖擞向朝霞，晨训集结只待发。
生命闪光追梦想，抢单奔跑暖千家。

其二
线上风光线下忙，小哥撒汗化喷香。
一餐美味谁知晓，多少艰辛铸电商。

小平像下的青春舞步

（2019年11月16日于深圳）

其一

青春热舞荡激情，足下翻腾锐气生。
正是无拘追丽梦，燃烧月岁爱拼赢。

其二

霓虹闪烁夜摇光，一派铿锵震上苍。
练就真功飞舞步，待时赛场亮锋芒。

注：深圳是一座年轻而充满活力的城市，看到青年人夜晚激情跳街舞的情景令人感动羡慕，随拍照题诗以记之。

题照月圆花好

(2019年12月14日 于海南)

其一

月貌花容海角边,天涯气爽夜幽然。

一拍在线婵娟舞,弄影飘来掌上欢。

其二

互联莫道天涯远,共享云端咫尺间。

今夜素娥无寂寞,万千网友伴团圆。

注:素娥,古人既指月亮,也指嫦娥。

选举抒怀

（2018年3月14日 于人民大会堂）

胜日东风舞满堂，

新枝杨柳唱春光。

桑榆常系家国梦，

大道情怀地久长。

注：3月14日全国政协十三次会议选举出新一届主席、副主席、常委。一大批老同志进入新一届政协，本人当选政协常委。

春日东风舞清堂
科技杨柳鸣春光
兼搞常兴家国梦
大道情怀地久长

七绝·运笔带怀
杨旺生
二〇一八年三月十四日

仰观上海中心大厦

（2020年10月）

一厦摩天广厦惊，
凌空雄起震天庭。
众楼拱卫巍然立，
引领云中唱共赢。

与特首谈大湾区

（2018年5月9日于香港）

紫荆依伴五星扬，

笑映兰芳论港强。

一曲大湾歌猛进，

金融助力唱辉煌。

注：2018年5月9日下午于香港特区政府会见特首林郑月娥，双方就粤港澳大湾区建设、提升香港国际金融中心地位等问题，交换了意见，达成了共识。

早春荔园观《道德经》偶得

其一

碧影韶光拥满怀，静园开卷自悠哉。

方塘活水迎春色，无限生机入目来。

其二

凝目园中观大道，老庄自在梦蝶飘。

娑婆世界求缺好，弱水三千饮一瓢。

注：方塘，喻指书和汉字。大道，指《道德经》上所阐述的道。娑婆世界，佛教指"人的世界"，是一个永远存在缺憾而不完美的世界。老子曰："大成若缺。"曾国藩将自己的书房命名为"求缺斋"。弱水三千饮一瓢，源起佛经中的一则故事，警醒人们一生中可能会遇到很多美好的东西，但只要用心好好把握住其中的一样就足够了。

题照智慧猴雕像

（2020年1月 于海南猴岛）

其一

猿化人间几万年？艰辛演进何以堪。

自怜欢少烦无限，也与自然合谐难。

其二

红尘进化有无边？科技神通天地翻。

智能若使人皆善，乾坤万物自安然。

注：此雕像为仿制品。该雕像为20世纪初美国红色资本家哈默先生送给列宁的礼物。雕像为一只猴子（类人猿）端坐在达尔文《物种的起源》书上，凝视着人类的头盖骨，陷入深深的思考，似乎告诉人类要遵循自然法则，尊重其他物种，和谐共处，否则高度发达的人类文明不但会毁灭自然，也会毁灭人类本身。

贺广发行成立三十周年

（2018年6月9日）

当年华诞沐春风，

卅载甘辛亦峥嵘。

薪火接传人寿旺，

广发财茂日兴隆。

当年华诞沐春风
卅载甘苦亦峥嵘
薪火搞传人丁旺
广发财茂日兴隆

贺广发财立三十周年
杨旺生
二〇一八年六月

慕千竹

（2003年6月24日于南京植物园）

青竹千竿竞高雅，
亮节登攀赛挺拔。
风雨无奈根深固，
伸向蓝天伴彩霞。

观壶口瀑布

（2007年9月6日于山西）

千山万壑呼啸来，
飞流激荡壶口开。
饮尽黄河冲天笑，
洒向华夏更开怀。

上海国际金融中心赞

——贺国寿上海总部揭牌

（2018年6月14日）

各路川流汇浦江，

波平岸阔泛金光。

接天银座争霄汉，

荟萃万邦向大洋。

注：2018年6月14日时任上海市市长应勇（照片左）与人寿集团董事长杨明生共同为中国人寿（集团）公司上海总部揭牌。参加揭牌仪式的领导还有上海市副市长吴清、副秘书长宋依佳、金融办主任郑杨、国寿集团总裁袁长清、副总裁尹兆君等。

不尽川流汇海江　波平峯涌活泉光　搞天银座争筝汉　荟萃芽邦向太阳

上海国际京敦中心赞

杨旺生

二〇〇八年六月十四日

题照浦江夜色

（2019年11月13日）

满江灯影炫斑斓，
广厦奇观水底天。
万盏霓虹争变幻，
风骚各领一瞬间。

雾色山城

(2018年11月2日晨于重庆)

江天弥漫雾升腾,
山岳楼峰入空蒙。
望眼虚无藏万有,
繁华本在此中生。

胡杨赞(二首)

(2019年6月1日于青海自然博物馆)

其一

触目沧桑景,胡杨大漠魂。

千年枝叶盛,天降固沙神。

其二

瀚海威风立,边关大爱深。

纵横千万里,抖擞向昆仑。

题照潮平海阔

(2020年5月1日于海南清水湾)

潮平风浪静,

云去远山明。

拥抱波光滟,

欢游碧水清。

望月

（2020年10月）

月上塔峰头，
流辉夜色幽。
欲归还顾看，
无语几回眸。

天津五大道掠影

（2020年10月）

其一

一股大洋风，吹来爽面容。
津门关不住，潮涌海河情。

其二

开埠百年前，淘金大闯关。
纷纷天下客，争创领风先。

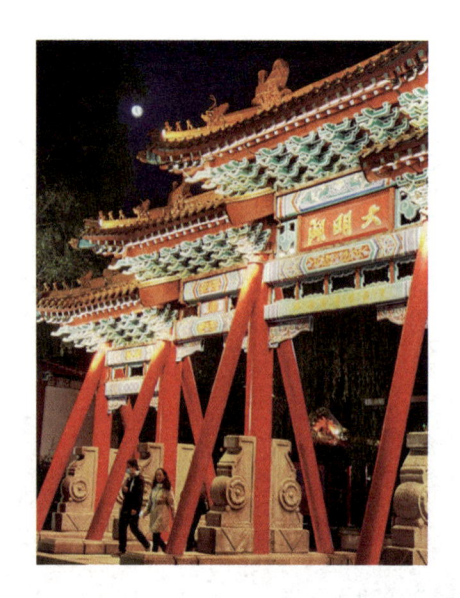

夜步大明湖偶得

（2021年4月25日于济南）

月上枝头俏，

飞檐捧一轮。

波摇春色舞，

水映夜光吟。

注：随政协调研组赴山东调研。晚餐后到附近的大明湖散步。

咏雪松

（2020年11月）

冲天昂首立，

枝茂叶常青。

更喜晶莹雪，

高洁傲碧空。

注：雪松是世界上著名的观赏树种，树冠繁茂雄伟，气势非凡。照片摄于居住小区花园。

珠江新城剪影

（2020年11月16日 于广州）

江天成一色，
广厦绿荫环。
纵目追光远，
蛮腰塔上欢。

鸟瞰南粤

——于飞广州的航班上摄影题诗
（2018年11月5日）

其一
峻岭千重嶂，群峰万壑幽。
流云遮不住，凭窗一望收。

其二
云作千堆雪，待时化雨飞。
常洒南岭秀，四季绽春蕾。

题照"童心"雕像

（2021年2月）

超然握乾坤，
翘首欲凌云。
不屑高寒处，
摘下月一轮。

注：雕像作者为著名雕塑家王艺。

不肯夸云霞
摘小月一轮

杨明生书
辛丑年书

网师园观景凝思

（2018年12月5日于苏州）

其一

漫步园中园，洞观水底天。
徜徉景中景，疑是入蓬山。

其二

主人何处觅？寂寞小楼空。
生机何处有？游客笑谈中。

二、词

卜算子·冬至观复卦偶得

冬至一阳生，
大地惊雷复。
气运乾坤万物苏，
翘首芳华吐。

爻变探无极，
消长烟云度。
遵道从容乐自由，
出袖清风舞。

注：复卦为《易经》十二消息卦之一，亦称地雷复卦。冬至一阳生，即一阳爻生出，阳气上升，阴消阳长，迎接春天到来。

浣溪沙·国庆60周年联欢晚会观感

（2009年10月1日于金水桥畔观礼台）

绚烂烟花万众欢，

金桥水畔舞翩翩。

和谐奏响大团圆。

网幕绘出华夏秀，

星空绽放牡丹鲜。

龙腾直上碧云天。

注：联欢晚会有若干主题表演，每个主题都以施放烟花来烘托场景。诗中只选取了有代表性的四种：一是网幕烟花绘画——《锦绣河山》；二是空中特色烟花——《牡丹盛开》，寓意祖国繁荣富强；三是《盛世龙腾》，寓意祖国复兴、崛起；四是《璀璨星空》，寓意普天同庆、兴旺发达。

卜算子·观棋

（2019年9月11日于鹏城）

鏖战四方城，
未见刀光影。
对弈全凭斗智能，
似入无人境。

恰遇两强争，
难以分伯仲。
握手言和为共赢，
楚汉同欢庆。

清平乐·欢宴布莱尔

(2015年9月2日于人寿大楼)

金风气朗,国酒飘香爽。

松鹤年丰人寿旺,宾主举杯欢畅。

席间纵论兴荣,交流何以多赢。

天下纷争难断,风云变幻穷通。

注:托尼·布莱尔(照片左一),是英国前首相,联合国中东问题特使。席间就国际经济金融形势、欧元前景、中东投资安全等问题进行了交流。人寿参加的有王军辉、尹矣、杨征、万一清、李虎、吴瑜伟。

忆秦娥·为营销高峰会精英颁奖

（2015年9月22日于长沙）

群情热，激扬阵阵欢声烈。

欢声烈，年年高奖，江红霞跃。

湘江岸畔思良策，峰峦岳麓谋攻略。

谋攻略，巅峰夺冠，凯旋归阙。

注：江红霞跃，指李江红与刘朝霞两位巾帼，连年获得最高奖。照片中左为刘朝霞，右为李江红。

浪淘沙·观冲浪赛偶得

大海起波澜，潮涌云天！

浪尖飞跃勇争先。

冲刺英姿如海燕，一展非凡！

夺冠凯歌还，参赛皆欢。

历经艰险倍觉甜。

百战归来谁胜负？乐比天年。

贺新郎·读《易》随感

（2015年12月15日）

玉宇乾坤转，

探天机、太极八卦，蕴涵无限。

万象长消阴阳变，

大道由来至简。

察动静、风云贯看。

兴废循环皆有数，

觅玄机、其妙谁能见？

用筮占，借天眼。

笃行易理防灾患。

望长天、日中必落，盛极则反。

福祸无门人自造，

悔吝吉凶应验。

欲保泰、须求缺憾。

积善人家多余庆，

载厚德、贞利元亨现。

心守静，致高远。

注：《易》，即《易经》，为群经之首，中国文化的源头。

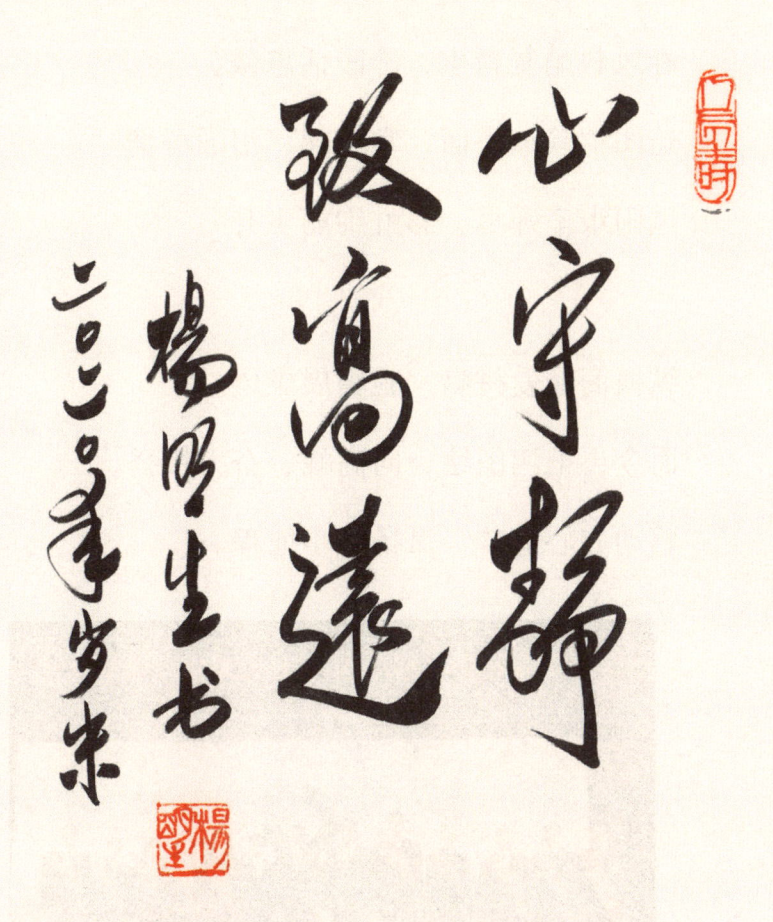

心守静
致高远

杨明生书
二〇二〇庚子岁末

风入松·感动国寿十大人物赞

（2016年2月19日）

春风料峭复新生，冷暖话忠诚。

花团锦簇英杰面，掌声起、泪涌群情。

风雨艰辛殚尽，彩虹绚丽飞升。

纵横商场爱拼赢，驰骋展雄风。

而今再把鸿图绘，向高峰、奋力攀登。

感动齐心追梦，昂扬阔步征程。

照片左起：新疆袁宏斌、云南周旭东、福建黄瑞金、河南邢进、研发中心臧滔、林岱仁、杨明生、缪建民、深圳刘朝霞、江苏陈红、四川尹红、广西麻莉红、浙江麻方强。

或勤齐心逐梦
昂扬阔步绍程

梦四生书
二〇二二年安东

一剪梅·观新年音乐会

（2016年12月31日晚）

一曲韶音圆舞飘。

旋转风骚，飞上眉梢。

忽闻弦上话闲聊。

欢也悄悄，笑也悄悄。

更有铿锵破碧霄。

浪起声高，波涌心潮。

群情热烈唱多娇。

美了今宵，醉了逍遥。

注：由"维也纳约翰施特劳斯圆舞曲乐团"倾情演出。以《闲聊波尔卡》《雷电波尔卡》《蓝色多瑙河》《拉德茨基进行曲》等演奏，最为反响热烈。

临江仙·贺三亚国寿嘉园（逸境）奠基

（2017年1月16日于三亚）

绿岛天涯游目远，山青水碧云闲。

悠然逸境海棠湾。

热风吹浪暖，欧燕戏潮欢。

宛若蓬瀛怡梦幻，飘飘羽化登仙。

桑榆未晚笑童颜。

夕霞红烂漫，海角乐天年。

注：从左至右分别为国寿投张凤鸣总裁、三亚市园区管委会招商局局长谷习银、海南保监局王小平局长、万通集团冯仑董事长、人寿集团杨明生董事长、美国赫尔曼TIRR医院董事Jorge Flores、人寿集团王思东副总裁、资产公司王军辉总裁、三亚项目公司庄东辉总经理。

卜算子·感受爵士乐

(2017年4月28日于上海和平饭店)

闻奏欲摇摆,律动独一派。
顿挫铿锵乐起来,吹打弹欢快。

歌女炫节拍,双舞生风彩。
弄影朦胧梦幻光,宛若红尘外。

壽影朦朧繞夢幻
光霓若紅落兮

楊田生書
二〇二二年元月

江城子·端午咏《离骚》感怀

（2017年端午节）

离骚咏罢意难平，
粽香盈，缅亡灵；
遗恨千秋，惟愿汨罗清。
一曲长歌屈子泪，
今未断，太深情。

子规啼血唤东风，
向天鸣，撼天庭。
怒浪摧舟，掩泣断肠声。
心系家国求美政，
何惧死，死犹生。

心系家国来美致
河惟张弛犹生

杨丽生书
二〇二〇庚岁末

破阵子·建军90周年大阅兵

（2017年7月30日）

塞上硝烟翻滚，

战鹰装甲争鸣。

大漠铁流逐浪涌，

沙场雄风任纵横。

边关神鬼惊！

变幻云端遥控，

运筹绝处重生。

指点电光开日月，

掌动乾坤搏智能。

一挥定大赢！

注：2017年7月30日，习近平主席于中国人民解放军建军90周年之际，在内蒙古朱日和训练场检阅作战部队。

学勇敢拼搏
一拜天赢

梦田生
二〇二〇年岁末

卜算子·贺姚明为国寿代言十周年

（2017年8月6日）

千里觅相知，十载织灵绣。
伟岸球星闪亮出，众仰投国寿。

托付业德高，保障竭诚厚。
达已成人创一流，携手高歌奏。

千里共婵娟十载织宏图
伟业辉煌向亮出众
仰投国寿托付业济众
保障诚厚遍正域人
创一流携手高歌奏实

卜算子·贺姚总为国寿代言十月季
杨阳生 二〇一七年八月二日

沁园春·新丝路花雨赞

——写于"一带一路"国际合作高峰论坛

（2017年5月14日于北京）

云赴安息，涉履罗马，不尽鏊峰。

忆丝绸古路，孤烟大漠；

天涯海角，骇浪轰鸣。

三宝扬帆，张骞跃马，

播撒文明华夏情。

漫回首，阅白云苍狗，滚滚尘风。

而今开放中兴，

看华夏赢得万古名。

奏敦煌新曲，飞天圆梦；

环球在手，万化心成。

昔日艰途，今朝大道，

阔步昂扬向大明。

更欢喜，望长天龙舞，激荡奔腾。

注：安息，指历史上的安息帝国，位于罗马与汉朝中国之间的丝绸之路上，成为当时贸易中心，也是当时欧亚四大强国之一。张骞，汉代首位出使西域的特使，著名外交家、冒险家。三宝，即明代航海家郑和。大明，出自《易经》："大明终始，六位时成。"指太阳升起，兴盛美好。照片为同美国前财政部长保尔森合影。

采桑子·新年音乐会偶得

(2018年元旦夜于国贸大厦)

音符欢跃鸣交响,指上飞扬。

指上飞扬,奔放乾坤,大美乐无疆。

绕梁金曲怡心旷,舒婉徜徉。

舒婉徜徉,韶韵绵绵,回味总幽香。

注:上方照片右起任洪琦、顾秀莲、杨明生、李兆星、刘京、廖晓淇、陈延平、唐炜。

音符欢跃文响指上飞扬 招上美妙旋律乾坤大美东艺疆域宽旷曲怡心旷舒婉鸽羊舒婉鸽羊韵韵绵绵回味悠悠

录篆诗·赞华音东艺馆词
杨旺生 二〇一八年元旦

采桑子·碧湖放飞

（2019年5月）

浓荫蔽日风吹爽，
步步清凉。
碧水天光，
万木葱茏绿草香。

一湖春色藏深秀，
乐享幽芳。
神气飞扬，
心与白翎自在翔。

采桑子·夏日宵夜

（2021年6月）

适逢月夜灯花俏，
夏梦相邀。
夏梦相邀，惬意杯摇，
把酒醉风骚。

谁人不在红尘闹？
苦乐喧嚣。
苦乐喧嚣，一品佳肴，
相伴晚风飘。

一剪梅·平台风光

——贺国寿系统平台建成

（2018年4月16日于人寿科技园信息委会上）

网上平台无限宽。

移动商圈，

互动双边。

成交一键去中间。

直上青天，

阔步云端。

掌上营销一线牵。

买也心安，

卖也心安。

智能大数看奇观。

一览空前，

一望无边。

注：系统平台主要特点：扁平、敏捷、智能、生态、去中介、供求双边互动。

网上平台当限宽带勐高
图至勐双边陈交一键去中间
直上苍天阔步云端掌
上营销一线牵买也心安
卖也心安智能大数据
梦魂一览空荡望世界远

一剪梅 杨旺生书
二〇一八年三月十六日

卜算子·茶室小聚

（2018年4月26日晚于中央党校）

竹影动窗棂，
春月潭中映。
笑语茗香故旧情，
恍若一帘梦。

茶道品人生，
上善清心静。
饮尽浮沉心已宁，
万化遵天命。

注：参加品茶的有：葛海蛟、宋先平、张克秋、胡新智。

竹影动宵榻生月潭中映笑语茗烹故归情悦若一帘梦茶道品人生上善清心静饮君子涤烦宁茶化道无亦

上善茶室小集 杨旦生
二〇一八年十月廿五日

念奴娇·华为腾飞

（2018年5月28日 于深圳）

鹏城击水，破迷雾、展翼遨游环宇。

万物互联，凭大数、智算云端傲立。

网上缤纷，争奇斗艳，大美无边际。

骋怀虚拟，凝眸多少惊喜。

昂首抢占先机，追逐区块链，一身豪气。

各路精英惟恐后，争创人间奇迹。

掌上联通，乾坤在手，旋转谁堪比？

神机何在？引来无数寻秘。

注：华为是一家世界级著名高科技公司，5月28日我与任正非总裁进行了闭门交流，受益匪浅。照片右为任正非。

朝中措·政协会上

——与李彦宏委员谈智能互联网

（2018年3月6日北京会议中心）

春风料峭爽精神，谈笑向霄云。
百度博览无限，智能手握乾坤。

互联万物，链通区块，驾驶无人。
梦蝶庄周惊羡，遨游广宇销魂。

注：链通区块，指区块链技术。梦蝶庄周，即庄周梦蝶，出自庄子的《齐物论》。照片左为李彦宏。

鹤冲天·为国寿新一代系统开发团队获奖点赞

（2018年7月18日）

云端会考，大数掀波浪。

指上弄潮涌，涛声唱。

昼夜争分秒，

追日月、辉煌创。

智破千重障。

遨游星汉，驰骋壮怀激荡。

蓝图绘就平台上。

看千姿竞舞，心花放。

荟萃集一网，

观茂盛、蓬勃旺。

最美群英奖，含金无量。

昂首凯歌高亢。

喜迁莺·贺国寿入主广发银行

（2016年8月30日）

南岭翠，鹊声飞，翘望彩云归。

此行筹运气神闲，谈笑凯旋还。

金风爽，思共享，互动整合强壮。

高歌携手傲疆场，昂首步辉煌。

注：经过艰苦谈判，2016年2月29日，中国人寿与花旗签署广发银行股份转让协议，拟以人民币233亿元收购花旗及IBM所持广发银行股份，使中国人寿在广发银行持股比例从20%提升至43.686%，成为广发银行单一第一大股东。

采桑子·寒食踏青

(2019年4月5日清明节)

寒食树下清明景,追远怀宗。
满目兴荣,万绿丛中点点红。

牧童不见横牛背,已变时空。
叹望苍穹,村酒杏花遥忆中。

注:寒食,即指踏青野餐冷食,也指清明节,古时称清明节为寒食节。村酒杏花,指唐代诗人杜牧的"牧童遥指杏花村"诗中的意境。

钗头凤·雨霁游园

(2020年8月13日于居住区小花园)

林荫草，闻啼鸟，雨晴风静曦光好。
闲池水，莲滴翠。回眸惊艳，紫薇明媚。
醉！醉！醉！

蝉儿叫，鱼儿跳，百花得意枝头闹。
芳菲荟，云霞蔚。徜徉幽境，暗香回味。
美！美！美！

蝶恋花·贺新春

（2021年2月）

锦簇花团别样媚，
鼠去牛来，
气壮驱魔退。
在线欢歌春晚会，
天涯咫尺开心美。

掌上飞鸿频贺岁，
悦耳声声，
恰似弹流水。
咏赋知音杨柳翠，
举觞共与韶光醉。

晓赋宫青杨柳
罢舞犹带芒兴
龙光畔
杨田生书
辛里耳寿

蝶恋花·拥抱智能移动互联

——致国寿全体科技人员

（2016年12月30日）

万物互联接广宇，

宽带无边，

网络风云起。

指点乾坤千万里，

云端妙算惊天帝。

移动风光真旖旎。

幻美真情，

掌上知音觅。

携手扬帆沧海济，

智能破浪潮头立。

携手扬帆沧海
高鹜继发浪潮
题之 杨明王书
二二二年元月

定风波·傍晚遇雨归来

（2019年7月28日）

压顶黑云夜幕低，雷鸣电闪雨声急。

放眼滂沱归路闭，寻觅，

阑珊灯火辨迷离。

持伞踏波风骤起，何惧，

凝神气定任东西。

执手乾坤旋自在，清快，

天人共舞乐合一。

注：夏日南国阵雨频来，傍晚散步忽遇雷阵雨，归来填词以记之。

行香子·游春

（2019年6月于深圳）

雨霁柔光，风送清凉。

生机旺、霞舞云翔。

林荫湖畔，观赏徜徉。

有鱼儿欢，鸟儿唱，花儿香。

芳菲幽径，碧树新装。

绿荫下、声乐铿锵。

逍闲欢畅，一派和祥。

看大娘舞，大爷浪，喜眉扬。

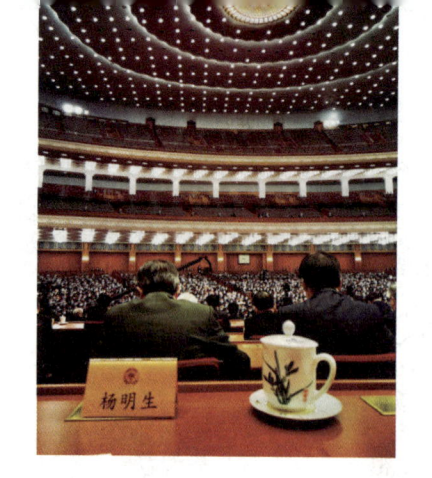

画堂春·政协大会开幕式感怀

(2021年3月4日于人民大会堂)

华灯万盏亮辉煌,

花团锦簇芬芳。

国歌高奏唱激扬,

声破穹苍!

大美乾坤无恙,

同心同望同当。

驱霾拨雾向朝阳,

穿越迷茫!

注:2021年3月4日政协第十三届全国委员会第四次会议开幕,汪洋主席作工作报告,习近平总书记等党和国家领导人莅临会议。

浣溪沙 · 碧湖夏影

（2020年7月）

丽影天光正午天，

风轻云淡日高悬。

生机一片乐天然。

碧树浓荫藏俊鸟，

静波绿水卧青莲。

幽香无染有花鲜。

浣溪沙·荔湖春色

（2019年4月3日 于深圳）

广厦环拥碧水清，
绿荫掩映鸟争鸣，
一湖春色树摇风。

闹市喧嚣出胜境，
泓澄寂静有空灵。
微波脉脉送深情。

浣溪沙·沙尘雾霾行路难

（2021年3月15日于京城）

一路沙尘一路昏，
交加冲撞欲销魂。
呼吸岂敢叹呻吟。

浊雾能封行者口，
阴霾难锁自由心。
迷蒙翘首唤风神！

浣溪沙·夜上海

（2020年10月）

灯海人潮不夜城，
霓虹漫舞闹兴隆。
美轮美奂醉幽情。

洋场百年添异彩，
新区数载亮摩登。
浦江丽影胜蓬瀛。

江南好·观外滩灯光秀

（2020年10月）

明月夜，
最美炫霓虹。
广厦华光繁景胜，
一江灯影满江红。
笑语画船中。

浪淘沙·改革开放赞

——纪念改革开放三十周年感怀

（2008年12月18日于人民大会堂）

霹雳破坚冰，

浪打天惊。

扬帆万里化鲲鹏。

一解千年饥饿症，

拯救苍生。

数载忆峥嵘，

笑傲苍穹。

争雄逐鹿爱拼赢。

接力共圆华夏梦，

永不折腾。

注：2008年12月18日党中央、国务院在人民大会堂隆重举行纪念党的十一届三中全会召开30周年大会，胡锦涛总书记发表重要讲话。当胡总书记讲到"不动摇、不懈怠、不折腾，坚定不移地推进改革开放"时，全场掌声雷动，经久不息。本人十分激动，现场填下了这首《浪淘沙》。

永不折腰

二〇二〇年 杨明生书 八十岁末

临江仙·听唱《春天的故事》

（2019年2月4日 于深圳）

一曲深情催泪涌，春潮激荡奔腾。

子规啼血唤东风。

划圈圆夙梦，崛起看鹏城。

昔日渔村何处觅？仰观广厦峥嵘。

风骚各领胜繁星。

韶光无限好，接力有新生。

注：《春天的故事》是一首缅怀邓小平为建立深圳特区作出历史性伟大贡献的赞歌。照片摄于深圳荔枝公园东门口。

满江红·建国七十周年庆典观礼感怀

（2019年10月1日于天安门观礼台）

花海人潮，举目望、霞光万丈。

红旗舞、国歌高奏，群情激唱。

广场欢腾山海阔，长街浩荡波澜壮。

气昂扬、苦难创辉煌，同奔放。

东风舞，长剑亮，洪流滚，声高亢。

看金戈铁马，纵横无量。

方阵铿锵惊广宇，战鹰直翥击云浪。

震乾坤，飞泪爽胸膛，中华旺。

南乡子·蓉城夜游

(2019年9月4日于成都)

暮色逛蓉城,一派斑斓耀眼明。

宽窄巷深多丽影,轻盈。

川剧凝眸变脸惊。

云淡晚风轻,步入微蒙似梦萦。

小酒馆中真趣味,难逢。

笑语欢杯别样情。

注:宽窄巷,即宽窄巷子,是成都著名的古文化旅游景点,有美食、品茶、川剧变脸等多种表演;永丰路上的小酒馆,因被写入一首流行歌曲而名声远播,游人云集,一座难求。

清平乐·月夜放歌

（2019年11月20日）

荔园夜色，

欢聚齐天乐。

一曲高歌十五月，

欲把苍穹唱破。

未曾相见欣逢，

激情咏叹人生。

百姓一心追梦，

无非安享清平。

注：照片摄于深圳荔枝公园。每到夜晚市民便会集于此合唱高歌、乐享休闲。

山坡羊·春光好

（2018年4月于海南）

繁花竞笑，
群蝶争俏，
生机满眼春光闹。
彩云飘，鸟飞高，
青霄比翼无穷妙。
常使韶华心底耀。
春，依旧好；
人，情未了。

山坡羊·二沙岛夜步

(2017年6月2日 于广州)

珠江弄影,二沙沉静,

迷离灯火撩人梦。

雨轻盈,似柔情,风摇玉树娇花映。

自在徜徉欢胜境。

来,乐天命;去,乐天命。

注:乐天命,出自《易经·系辞上》:"乐天知命,故无忧。"这里指遵循自然法则,快乐的工作,自在的生活。二沙岛,指位于广州珠江上的一个小岛,风景秀美宜人。

生查子·凤凰花赞

（2020年4月于海南）

嫣红丹凤娇，明媚枝头俏。
欢喜热风吹，独爱骄阳照。
因缘海角开，自在空中笑。
涅槃向天烧，共与霞光耀。

注：凤凰花属热带特有花卉，鲜艳夺目，有凤凰涅槃浴火重生之寓意。

水调歌头·观潮起潮落

（2019年1月25日于海南清水湾）

望眼波涛涌，拍岸浪花翻。

顿觉心旷舒展，张臂欲飞天！

潮起奔腾舞雪，潮落安宁致远，来去任天然！

能量自恒守，遵道总循环。

骋怀阔，观浩瀚，想联篇。

心存敬畏，无尽飘渺有蓬山。

谁见凡身不老？莫叹人生短暂，求己莫求仙。

大海声声唤，冲浪弄潮欢！

一剪梅·观经典

（2021年2月）

常看常新经典篇。
一鉴方塘，一股清泉。
天光上善映千年。
静水流深，大美无言。

一览乾坤掌上翻。
风也新鲜，雨也新鲜。
闲来持卷倚窗前。
细嗅寒香，共与梅欢。

注：一鉴方塘，出自朱熹《观书》诗中"半亩方塘一鉴开"。上善，出自《道德经》中"上善若水"句。

静水流深
大美无言

杨晓生书
辛丑建春

一丛花令

（2020年4月12日于海南清水湾）

云开雨霁又花鲜，百鸟唱春妍。
枝头靓影东风暖，似缠绵、惟爱清欢。
明媚几时，流光恨短，思念怕凭阑。

今年春意骤然寒，疫毒逞凶顽。
天涯咫尺难相见，宅家盼、梦绕魂牵。
江汉解封，神州一振，翘首鹤冲天！

忆秦娥·南国初冬

（2018年11月7日于广州）

冬来早，红花未谢秋归了。
秋归了，悄悄变换，韶光不老。

芬菲四季观新貌，生机百代循常道。
循常道，无穷往复，静观其妙。

渔家傲·捕鱼出海

（2020年4月于海南）

翠岭低眉迎日暮，渔舟唱晚夕霞酷。

一片波光出海路，千帆舞，竞发驶向天涯处。

撒网深渊纲举目，鱼踪盯紧拉绳固。

冲破迷茫出海雾，千般苦，弄潮击浪峥嵘露。

注：照片摄于清水湾渔港。当太阳落山时渔民开始出海捕捞。

长相思·避疫思归

（2020年4月10日 于海南清水湾）

（一）

新肺炎，冠毒传。

扰乱人间运转难，全球战疫酣。

祈平安，盼安然，

盼到何时闻凯旋，举杯相见欢。

（二）

清水湾，海天蓝。

万绿花鲜避疫闲，关山逾越难。

想家园，思回还。

思到无眠人倚栏，悄然追月圆。

注：为配合抗击新型冠状肺炎，全国"两会"推迟召开，本人已在海南近4个月了。照片摄于居住小区。

一剪梅·赞李翁

（2016年7月12日）

石径松间漫步行。

风也轻盈，雨也柔情。

欢欣草木两边迎。

昔日荒丘，今日青峰。

十载成荫赞李翁。

云影无声，幽谷空灵。

茅屋浊酒醉清风。

不逊陶公，羡煞刘伶。

注：李翁为中国人寿退休干部李学亮（照片右一），现年76岁，喜欢在山中摄影饮酒，常年绿化荒山，十年不懈。陶公，指晋代陶渊明。刘伶，指魏晋"竹林七贤"之一，喜豪饮，著有《酒德颂》。

画堂春·贺国寿科技园主体落成

(2017年9月20日)

金风日暖稻花香,

圃芝阶卉芬芳。

鲁班国寿画雕梁,辉映琳琅。

虚拟成真神算,

智搏霄汉飞扬。

遨游大数驾云翔,驰骋无疆。

注:科技园位于北京海淀区稻香湖畔,工程设计建筑一流,荣膺鲁班奖。"圃芝"喻指园里景物如灵芝般珍贵。照片前排为杨明生董事长与北京建工集团总经理樊军,寿险公司环科办主任车安兰共同为"中国人寿科技园"浇筑金沙。后排从左自右依次为赵立军、崔勇、刘英齐、刘家德、刘慧敏、陈方磊、袁长清、王思东、王军辉、苏恒轩、张凤鸣。

临江仙·莫高窟观感

（2001年6月1日）

瀚海慈航般若渡，

古来丝路惟艰。

莫高耸立佑平安。

胸中极乐界，

何畏世间难？

雕画慈悲无限爱，

飞天大美飘然。

凝神揖手向青莲。

天国何处有？

禅定在心田。

注：莫高窟：俗称千佛洞，坐落在河西走廊西端的敦煌。它始建于十六国的前秦时期，历经隋、唐、五代、西夏、元。沙海：指古丝绸之路上的茫茫沙漠戈壁。慈航：佛教语。以慈悲之心渡人，如航船之济众，使之脱离生死苦海。般若：佛教语，指助你到达彼岸的大智慧。青莲：指佛境。

卜算子·银装素裹

（2021年11月7日立冬）

一夜北风寒，
大地银装裹。
雪洗霾空斗疫魔，
重整江天阔！

翘首望青霄，
转眼云烟过。
遵道人生善庆多，
莫把红尘破！

三、自由诗

奇异的月光

（2020年春于海南清水湾）

凝眸如此月光，
疑似冉冉朝阳。
惊醒了树梢轻摇，
点亮了夜色茫茫。

这是鼠年新春夜的典礼，
还是变幻的天象？
诗人看到了美妙，
哲人看到了异常。

谁能握住流光，
谁会料理无常？
日月轮回循大道，
乾坤气定法阴阳。

曲木洞观

几经修炼，
曲木成圆。
独坐湖畔入圣境，
万木丛中已成仙。

凝神观彼岸，
洞见水中天。
蜃楼湖中迷幻影，
此岸彼岸一心间。

心静波平，
心乱浪翻。
坐忘四相生妙有，
恬淡真气静安然。

爱心常暖，

神驰无边。

洞观灵境怡欣悦，

美入天然自在欢。

注：四相，佛教指我相、人相、众生相、寿者相。妙有，指佛教的性空境界。恬淡真气，出自《黄帝内经》，即：恬淡虚无，真气从之。

爱心幕暖

杨明生书
二〇二一年元月

鸟瞰京畿一角

（2020年10月12日 于中信大厦）

这里原来是农地，
如今已是高楼林立。
在一百零八层楼上鸟瞰，
京畿突起尽收眼底！

一幢幢错落有致，

一片片鳞次栉比。

你们是紫禁城的卫士，

你们让首都更加巍然壮丽。

请问你们是天上来客？

还是人间奇迹？！

注目巨变惊叹，

追忆寻觅往昔。

再也看不见炊烟袅袅，

再也找不到乡愁在哪里？

城外的人想进来，

城里的人想出去。

如果没有这个动力，

哪来这勃勃生机？！

近观清晰容易得，

远眺难辨追迷离……

题照高楼与渔船

（2020年5月于海南清水湾）

远望广厦云端，
近观港湾渔船。
广厦——现代人生存的名片，
渔船——渔民古老的家园。

时代在急速变迁，
渔船却旧貌依然——
生老病死，
世代相传。

古老与现代共处同一画面，
近与远的反差竟如此明显。
远的离我们太近，
近的离我们太远……

时空无边，
进化无限。
怀旧可生眷恋，
复旧奈何以堪？

观歌剧《卡门》随感

(2020年1月8日于海南清水湾)

踢踏劲舞,
群情欢唱。
展示斗牛士风采,
奔放吉普赛女郎。

她是天使，

也是魔王。

堕落无惧地狱，

甜蜜不畏祸殃。

美的妖艳，

爱的颠狂。

这是美的不幸，

这是爱的殉葬。

注：卡门是19世纪法国剧作家比才的最后歌剧，至今在全世界的上演率为最高的一部。作为该剧主人公的吉普赛女郎——卡门，把爱与恶演到了极至，她集天使与恶魔于一身，由于太美丽、太放荡、太轻浮、太偏执，最终酿成无可挽回的杀身之祸，一百年来给观众留下了无尽的痛惜和思索。

崂山寻道

（2011年6月2日）

偷得半日闲，返朴访崂山。

茶绿竹青翠，溪幽水潺湲。

闻奏全真曲，悠悠弦上玄。

拜谒三清殿，垂询老君前。

寻道正日朗，细雨降忽然：

无中生妙有，无有入无间；

无为成大为，清静无量观；

攻坚莫过水，柔弱自当先。

道生德蓄养，和气满人寰。

真丹自心炼，何处不成仙？

全真曲：指道教全真派的乐曲。玄上玄：指《道德经》第一章对道的描述——"玄之又玄，众妙之门"。三清殿：指殿内供奉的道教三清尊神，即玉清元始天尊、上清灵宝天尊、太清道德天尊。老君：指太上老君，即道家的创始人老子，道教奉为教主。真丹：指仙丹，即道教炼的一种丹丸。传说服用后可以长生不老，羽化成仙。笔者认为，成仙是一种形而上的至高理念，是精神的，不是物质的。真丹只能在自己的心中修炼，而非需特殊的物质和特殊的外界环境。

真丹自心煉
仍愛不成仙

楊旺生
六八年八月

博彩凝思

——观澳门之夜

（2017年6月1日于澳门）

世界上最炫的夜景

一定是博彩之城

你看那——

天上的星

地上的灯

都睁大了眼睛

与九天争高

向无限争明

扑克牌在闪烁

老虎机在嘶鸣

贪婪在这里竞拼

疯狂在这里驰骋

筹码变幻

莫测输赢

这就是博彩规则

这就是赌的公平

这是零和博弈

生死皆由天命

你为什么赢

因为太侥幸

他为什么输

因为太想赢

总是输多赢少

才有博彩业的兴盛

夜色迷人

祥和宁静

这是法的神圣

这是管的结晶

在这里——

恶必须顺从善的旨意

丑必须为美扬名

善在回馈社会

美在色彩纷呈

走访龙潭村

(2017年11月3日 于湖北郧西县)

这里山川秀美

你却长期在秀美中贫穷

这里绿色耸翠

你却长期在绿色中困窘

都说这潭水中有龙

又有谁见过

龙在这里显灵

这里无良田可耕

这里无道路可通

千百年来——

你为战乱饥荒所迫

迁徙到这深山险壑之中

刀耕火种

绝地重生

这里本是游人的乐园

却成了逃难者的宿营

这里原是鸟兽的天堂

却成了贫困者的牢笼

如今的你啊——

告别了陋屋

告别了贫穷

告别了闭塞

告别了世代苦恋的绿丛

搬进龙潭新村

通电通邮通行

山野特产畅销

网上交易速成

伴游人同乐

护山林茂盛

让山川更美

叫碧水常清

注：龙潭村是中国人寿的定点扶贫村，在人寿的支持下，将各分散在大山深处的人家，集中搬迁到适宜生存的定居点，摆脱了贫困。同行的有王军辉、王旭、陈盛银、夏良，湖北省扶贫办副主任项克强、郧西县县长查宏等。照片右为县长查宏。

走进互联网

（2017年12月3日于乌镇）

轻快地走进你

你是如此的神奇

看不完的琳琅

望不尽的旖旎

莫道天高地远

弹指零距离

热烈地拥抱你

感受你伟岸的身躯

跳动的脉搏

奔腾的旋律

你在银河架桥

牛郎织女团圆欢喜

深深地眷恋你

你的关爱无比

离开你会变得茫然
没有你会变得迷离
你是贴身的卫士
你是最好的知己

久久地品味你
一种莫名的神秘
油然而起
你是天外来客
还是上帝的创意
感受神秘虚拟
共享无限生机

百岁银行家的风采

——献给百岁韩雷生日的诗

（2020年10月5日）

您的面容

还是那样的祥和

您的精神

还是那样的矍铄

在您百岁之日

我们送上心中的赞歌

您的志向坚定

您的信仰执着

无论是抗日烽火

还是共和国建设

您都把一腔热血

奉献给了祖国

您精通业务

严谨治学

您勇于探索

著述广博

您是农村金融改革的先行者

您是理论与实践结合的楷模

多少风云变幻

多少艰辛坎坷

您甘为人梯

名利淡泊

您是我们成长中的导师

您是金融建设者的伯乐

您天年颐养

规律生活

您开启了

银行家长寿的先河

这长寿的源泉

来自您终身的美德

注：韩雷曾任中国农业银行行长、党委书记、中国人民银行副行长。

前来看望并为韩雷同志祝寿的老部下有（照片右起）：中国农业银行原行长杨明生、中国人民银行原行长戴相龙、中国农业银行原行长史纪良、中国光大集团监事长朱洪波。

烟花禅

(2014年1月30日马年出夕于海城)

腾空声声脆响

刹那便百花争艳

顷刻便缕缕青烟

随风飘散……

啊——

生与灭，竟是这样的短暂

有与无，竟是如此的简单

其实啊——

这就是烟花的

绽放与涅槃

当我们惋惜她

凋零的时候

她已到达了

自在欢喜的彼岸……

大茅远洋生态村赞

(2020年1月19日 于三亚)

山青水碧花鲜,
长天霞舞云翔。
葱茏万绿生机旺,
大茅黎韵展新装。
犹入艺苑,
漫步画廊。

草木兴荣滴翠,
满园瓜果飘香。
美味新鲜四季有,
循环变换总芬芳。
高朋远客,
流连观赏。

气清徐来润肺,
气爽怡神醉氧。

莫道天涯山村小，

一颗明珠亮远洋。

红尘桃源，

人间天上！

注：大茅远洋生态村是中国远洋地产集团精心打造的房地产开发与美丽乡村建设相结合的创新模式，得到政府的肯定和支持，也引来全国乃至全球众多参观学习者。远洋地产集团在短短三年时间里，把一个落后荒凉的黎族小山村，打造成了一个现代工厂化农业的美丽乡村。

赏新年交响音乐会随感

——维也纳皇家交响乐团演出

（2020年1月于海南清水湾剧院）

吹打弹拉交响，

快板奏鸣高亢。

恰似海燕击风雨，

又如潮涌翻波浪。

美在流淌，

乐在张扬。

慢板徐缓优雅，

轻松谐谑倘佯。

微步凌波舞曼妙，

心随音符乐飞翔。

云中摇漾，

雨中飘香。

急板回旋雄壮，

澎湃奔腾激荡。

一曲拉德奏凯旋，

满堂击掌群情畅。

拥抱春光，

骋怀无疆。

注：交响乐分四个乐章，其节奏和旋律主要为快板、慢板、急板，以表现不同的音乐情境。拉德，即《拉德斯基进行曲》，作为结束曲目，把观众的迎新情绪推向高潮。微步凌波，出自曹植的《洛神赋》。

晨练太极偶得

（2020年10月于浦江东岸）

太极的精髓是无极，

无极的精妙是无敌。

太极无极化阴阳，

阴阳变幻出神奇。

阴阳互补柔健，

阴阳失调神离。

柔弱胜刚强，

借得力打力。

外柔内刚无穷魅，

气定乾坤谁堪比？！

题《疲惫不堪》雕像

——告别疲惫、拥抱春天！

（子鼠年岁末）

他的倒下，

不是沉睡。

他的无奈，

是被光怪陆离包围。

他的衣着闪亮，

他的面容憔悴。

是负重太久，

还是身心疲惫？

放不下的是名利，

破不了的是心贼。

得到的没去珍惜，

失去后方知追悔。

在焦虑中祈盼，

在空虚中乏味。

在万花筒中纠缠，

在缭乱中迷归。

这就是他的疲惫不堪——

请问他是谁？

是你是我，

还是雕塑家的随意而为？

不必对号入座，

人人都在轮回。

只要拥抱春天，

疲惫定化明媚！

注：雕像摄于海淀华熙广场，主题是对现代人生活方式的一种警示。作者为著名雕塑家王艺。

只为攤捐春光瘦愿空化明媚

杨日生书

二〇二二年元月

题照黑云暗海日

（2020年2月7日于海南清水湾）

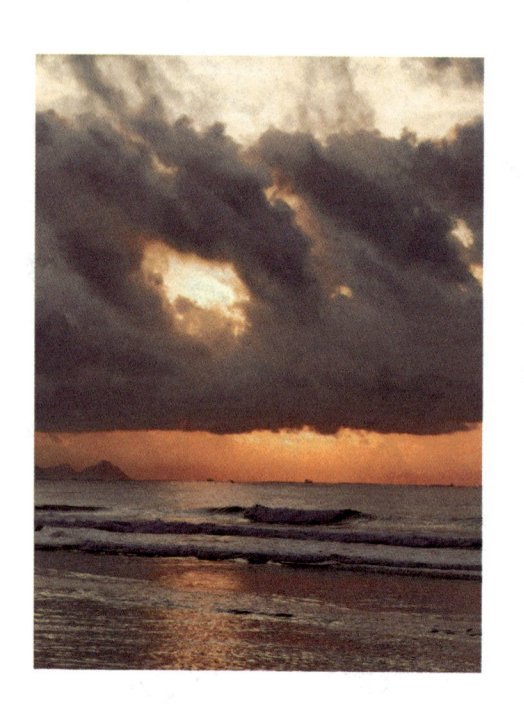

黑云惊吞海日，
天地一片暗然。
这是上帝的警示？
还是撒旦的狂颠？！

黑云凝固了海面，
波涛怒不敢言。
这是无奈的沉默，
这是心底的呐喊！

战火烧红了天边，
霞光与黑魔激战。
且看亮增暗减，
谁敢惹我蓝天！

注：新冠病毒肆虐，一场人与疫魔的大战开始了。2月7日抗疫英雄李文亮被疫魔夺走了生命，国人悲痛。海滩散步拍下此照后，怀着沉重心情写下此诗，以表抗疫决心。

虚拟之美

——听《智能移动互联网论坛》遐想

（2016年11月17日于乌镇）

一指点出绚烂，

虚拟送来美感：

春夏秋冬，

气象万千。

纵横驰骋，

风光无限。

追逐一个奇想，

唤出玉宇大观：

乘青云起舞，

奔月宫狂欢。

绕银河畅游，

邀群星会宴。

干千杯不醉，

乐好梦连连。

有柔情似水，

有大美飘然。

一道灵光入眼，

一曲仙乐翩翩。

欢喜无中妙有，

徜徉琼阁蓬山。

与天神对话，

将智慧点燃。

在无中生万有，

在有中化美幻。

这就是天国，

这就是彼岸！

注：2016年11月16日于乌镇参加世界互联大会分论坛之一：人工智能开启互联网新未来。会上，脸谱公司副总裁石峰介绍了人工智能在Facebook上的应用，联想集团董事长兼首席执行官杨元庆介绍了对人与设备智能互联的理解以及联想在这方面的探索，百度公司总裁张亚勤介绍了云计算在推进人工智能发展方面的作用，与会嘉宾从不同角度共同畅想了人工智能的未来。

与绿色同住

（2020年1月30日 于海南清水湾）

绿色是什么？
是生命的源泉，
是希望的象征，
是安宁的港湾。

有绿色便有花鲜，

有花鲜便觉春意盎然。

观绿色养眼，

赏美景心欢。

拥抱绿色，

抗击污染。

呵护生态，

敬畏自然。

与绿色常住，

享生机无限。

注：由于近期受新冠肺炎病毒的影响，居住小区实施出入管制，大部分时间在家中和院内散步。好在满目鲜花绿草、碧树成荫，风景宜人。

庄子的生死观

——夜读《庄子》偶得

（2020年清明于海南清水湾）

庄子妻子逝，
鼓盆放歌声。
丧事何能喜，
怪异使人惊。
歌她此去随四季，
天地屋中睡永恒。
从此无烦忧，
昼夜共清明。
生死同源，
何用悲情。

庄子临终日，
嘱托弟子云：
天地做棺椁，

陪葬用星辰。
追随妻子去，
大爱永无垠。
任凭鹰啄蝼虫咬，
本与天地共一心。
形骸何用，
魂已归真。

应这样优雅的老去

——记节日夜晚一位老夫人的风采

（2021年10月1日）

华灯点亮神奇

手机抓拍绚丽

看轮椅上老夫人的气场

银发红衣

不是秦怡

胜似秦怡

着节日盛装

含风华韵底

由退休女儿陪伴

两颗童心

快乐相依

一身鲜艳

将精气神提起

惊羡了

夜莺不语

月光回避

爱心与慈祥

是不老的魅力

最美的归宿

是优雅的老去

题照追逐浪花

（2020年5月3日于海南清水湾）

碧海驰骋飞艇，
洪波雪浪奔腾。
激起银花千万朵，
追逐玉洁慕冰清。
生得纯粹，
美得晶滢。

后浪前浪交融，
灵犀互动重生。
大海有意翻波浪，
浪花无我也多情。
来得短暂，
去得永恒。